Otto-Gustav Schaser

...von Mensch zu Mensch...

Otto-Gustav Schaser

...von Mensch zu Mensch...

Coaching und Mediation

Trainerverlag

Impressum / Imprint
Bibliografische Information der Deutschen Nationalbibliothek: Die Deutsche Nationalbibliothek verzeichnet diese Publikation in der Deutschen Nationalbibliografie; detaillierte bibliografische Daten sind im Internet über http://dnb.d-nb.de abrufbar.

Bibliographic information published by the Deutsche Nationalbibliothek: The Deutsche Nationalbibliothek lists this publication in the Deutsche Nationalbibliografie; detailed bibliographic data are available in the Internet at http://dnb.d-nb.de.

Coverbild / Cover image: www.ingimage.com

Verlag / Publisher:
Der Trainerverlag
ist ein Imprint der / is a trademark of
OmniScriptum GmbH & Co. KG
Heinrich-Böcking-Str. 6-8, 66121 Saarbrücken, Deutschland / Germany
Email: info@verlag-trainer.de

Herstellung: siehe letzte Seite /
Printed at: see last page
ISBN: 978-3-8417-5086-0

Inhaltsverzeichnis

Vorwort

Vielen Dank, dass Sie dieses Buch erworben haben.
Sie haben damit den ersten Schritt getan, um zu erfahren, wie hilfreich Coaching und Mediation in bestimmten Situationen für Sie sein kann.
Das Buch will Sie anregen kurz innezuhalten und darüber nachzudenken, wie Sie Ihr Leben angenehmer, zufriedener und erfüllter gestalten können. Sie können sich auch einfach nur kritisch mit dem Inhalt auseinandersetzen. Möglicherweise findet tatsächlich ein Anstoß zu einem Umdenken oder einer Änderung Ihres gegenwärtigen Verhaltens statt.
Auf den nachfolgenden Seiten beginne ich zunächst mit fundamentalen Kenntnissen über das menschliche Gehirn und den entsprechenden Zuständigkeitsbereichen, die für persönliche Wahrnehmungen und Entscheidungen verantwortlich sind und beschreibe, wie diese Ihr Fühlen, Denken und Handeln beeinflussen können.
Dann gehe ich auf Beziehungsbedürfnisse ein, die in der alltäglichen zwischenmenschlichen Interaktion relevant sind und die Auslöser von Unvereinbarkeiten im Beruf und Privatleben sein können.
In dem Kapitel „Stress“, bekommen Sie einen Einblick auf seine Entstehung, seine internen Prozessabläufe und die Folgen. Dann erfahren Sie einiges über das Thema Beziehungsstörungen und deren Eigenheiten.
In den Kapiteln „Coaching“ und „Mediation“ beschreibe ich diese beiden Beratungsformen, damit Sie einen diesbezüglichen Überblick bekommen

Einleitung

Dieses Buch wendet sich an all die Menschen, die mit der Komplexität ihres Lebens besser zurecht kommen wollen, die Veränderungen und Krisen als Chance wahrnehmen und sich neu orientieren wollen, die klare Anliegen haben und die Ziele im Leben verfolgen, für deren Erreichung sie durchaus bereit sind, auch Unterstützung in Form eines Coachings oder einer Mediation in Anspruch zu nehmen.
Das Buch will kein neuer Ratgeber sein, kein neues Lebens-Modell beschreiben und auch keine neuen Trends aufzeigen.
In diesem Buch möchte ich darauf hinweisen, wie Ihr Denken, Fühlen und Handeln miteinander verknüpft sind, wie Sie dadurch beeinflusst werden und wie Sie, durch einen bewussteren und achtsameren Umgang in zwischenmenschlichen Beziehungen, Ihren Alltag einfacher, entspannter und vor allem befriedigender gestalten können. Hierfür bedarf es keiner weiteren Methoden, die Sie erst erlernen müssen. Alle benötigten Informationen und all das benötigte Wissen sind bereits in Ihrem neuronalen Netzwerk gespeichert und können von Ihnen als gesundem, vernunftbegabtem und selbstbestimmtem Menschen jederzeit abgerufen und in Ihrem eigenen Interesse und für Ihre persönliche Zwecke eingesetzt werden.
Alle Menschen handeln situationsbedingt, nach festgelegten Mustern, die sie im Laufe ihres Lebens gelernt und verinnerlicht haben. Diese Ablaufmuster sind individuell und von der Sozialisierung geprägt. Sie können gleichwohl auch Auslöser von Stress und Störungen sein.
Wenn Sie in der Lage sind, durch aufmerksame und fokussierte Wahrnehmung diese Muster zu erkennen und zu verstehen, können Sie durch entsprechende Muster-

unterbrechungen lernen, besser mit Stress im Alltag und mit Störungen in Beziehungen umgehen.

Hierbei kann Coaching sehr hilfreich sein.

Voraussetzung ist jedoch, dass Sie sich darauf einlassen wollen.

Im ersten Schritt lernen Sie Ihre einschränkenden und begrenzenden Denk- und Handlungsmuster kennen. Im zweiten Schritt trennen Sie sich von Ihren Mustern. Sie verlassen Ihre Komfortzone mit dem Motto „so bin ich und ich kann mich nun mal nicht ändern" und übernehmen volle Verantwortung für Ihr Wollen, Denken und Handeln. Dabei lassen Sie sich auf interessante, neue und belebende Erfahrungen ein, die Ihr Leben bereichern können und erfahren völlig neue Wirkungsweisen.

Alles was Sie dafür brauchen ist Mut und Neugier.

Schließlich will dieses Buch Sie auch zu einer persönlichen Standortbestimmung Ihrer aktuellen Situation veranlassen und zu den wichtigen Fragen anregen:

- Was ist mein Ziel?
- Wie kann ich es erreichen?
- Wo bekomme ich dafür Unterstützung?

Denn eingebunden in den privaten und beruflichen Bezugsrahmen verlieren wir Menschen oft unser Ziel aus den Augen, weil wir uns zu sehr um Details kümmern und damit den Fokus auf das Große und Ganze verlieren. Haben wir das Ziel dennoch vor Augen, sehen wir möglicherweise den geeigneten Weg nicht. Wir sehen, sprichwörtlich, den Wald vor lauter Bäumen nicht. Manchmal erscheint uns das Ziel weit weg und für uns scheinbar unerreichbar.

Wir brauchen dann Motivation, Aufmunterung und Selbstvertrauen.

Wir brauchen auch Durchhaltevermögen und innere Kraft, um mit den vielen Faktoren, die unser Leben beeinflussen, entsprechend umgehen zu können.

Einer dieser Faktoren ist der Stress.

Der Studienband der Techniker-Krankenkasse zur Stress-Lage der Nation aus dem Jahre 2013, führt als Stressfaktor Nummer eins mit 47 % den Beruf an. Auf Platz zwei dieser Studie landete mit 42 % der hohe Selbstanspruch und auf Platz drei mit 34 % private Konflikte.[1]

Aktuell leben wir in einer Zeit mit enormen Möglichkeiten in der persönlichen Entfaltung, von denen wir vor 20 Jahren wohl kaum zu träumen wagten. Die Gefahren, die wir als Menschen des 21. Jahrhunderts im Augenblick wahrnehmen, betreffen Probleme in Form einer durch Gier verursachten Finanzkrise, einer durch Verschwendung verursachten und durch die Finanzkrise zusätzlich verstärkten enormen Staatsverschuldung, die für uns schwer greifbar und nachvollziehbar ist, ferner eklatante und anhaltende Verletzungen der Privatsphäre in bisher nicht gekannten Umfängen (NSA-Spähaffäre, ausufernde Kontrolle von Nutzerdaten durch Großkonzerne etc.), die das persönliche Bedürfnis und das Recht nach privater Sicherheit eines jeden Bürgers in der Basis erschüttern und verletzen.

Wir haben zwar einen beachtlichen Wohlstand, doch scheinen wir nicht in der Lage zu sein, unser Leben in vollen Zügen zu genießen, da wir der Zeit hinterher laufen. Oder anders ausgedrückt, die Zeit läuft uns davon. Und das alles, obzwar wir mehr freie Zeit zur Verfügung haben.

Warum ist das so?

Eine mögliche Antwort liegt einerseits in den ständig steigenden Anforderungen im beruflichen Kontext.

Um diesen gesteigerten Anforderungen gerecht zu werden, findet mehr und mehr eine Verlagerung berufsbezogener Prozesse in die Freizeit statt (Überstunden, Seminare, Weiterbildungskurse oder die Bearbeitung von beruflichen Unterlagen an Wochenenden).

[1] TK-Studie zur Stresslage der Nation, Bleib locker Deutschland!, 2013, S. 9

Eine andere mögliche Antwort liegt in den privaten Lebensbereichen mit ihren hohen Ansprüchen und zunehmend wachsenden Verpflichtungen.
Wir verfügen heutzutage über die modernsten Kommunikationsmittel, die es uns erlauben, überall und rund um die Uhr erreichbar zu sein und die uns jederzeit den Zugriff auf das globale Wissensreservoir der Menschheit ermöglichen. In der vernetzten Welt sind wir sowohl mit unseren Freunden als auch mit beruflichen Kontakten in permanentem Austausch. Was einerseits eine Entlastung sein sollte, bringt uns andererseits in eine neue Art der Abhängigkeit. Hinzu kommt dann noch ein innerer Antreiber mit dem Anspruch stets perfekt sein zu müssen, schneller als andere zu sein, noch mehr zu leisten, um das aufkommende Arbeitspensum bewältigen zu können, und bei all dem keine Schwäche zu zeigen, mit anderen Worten, möglichst überall erfolgreich und effektiv zu sein!
Als Auswirkung sind Schlagworte wie „Burnout“; „Anpassungsstörungen“ und „Depression“ die Schreckgespenster der heutigen Zeit.
Es sind dies die neuen Gefahren der heutigen Welt.
Höchste Zeit, dass wir uns neu orientieren und umdenken.
Doch wie sollen wir das anstellen?
Sind wir körperlich krank, gehen wir zum Arzt und lassen unsere Gesundheit wiederherstellen. Wir wenden uns an einen diesbezüglichen Spezialisten und kommen nicht auf den Gedanken, uns selbst einen Zahn zu ziehen, eine Spritze zu geben oder an uns selbst eine Schönheitsoperation durchzuführen.
Wenn wir unser Geld anlegen möchten, gehen wir zur Bank unseres Vertrauens und lassen uns beraten. Zugegeben, aktuell einer Bank das Vertrauen auszusprechen, ist wahrhaft eine mutige Herausforderung - dennoch, wir haben ein klares Ziel vor Augen und zwar unser Erspartes zu sichern und das Geld zu vermehren.
Und dafür brauchen wir die Unterstützung eines Beraters.

Wir fahren mit unseren Autos regelmäßig zur Inspektion und halten die Wartungsintervalle penibel ein, um ein sicheres Fahrzeug zu haben und seinen Wiederverkaufswert zu steigern. Auch hier vertrauen wir einem Fachmann.
Alles klare Ziele, die durch professionelle Unterstützung umgesetzt werden.
Doch wie sieht es in unserem Inneren aus?
Wir leben aktuell in einer von Hektik geprägten, sich laufend und schnell ändernden Welt, die komplexe Ansprüche an uns sowohl in beruflicher als auch privater Hinsicht stellt. Hinzu kommen die eigenen hohen Erwartungen und Selbstansprüche. Unser Körper und unsere Psyche sind belastbar, doch diese vielfältigen Belastungen, gepaart mit permanentem Stress, fordern ihren Tribut.
Während wir bei unseren Autos die Warnsignale ernst nehmen, ignorieren wir oft die Warnsignale unseres Körpers. Manchmal machen wir so lange weiter, bis der Körper uns eine gelbe oder rote Karte zeigt und dann tatsächlich eines der oben genannten Schreckensgespenste Realität wird und uns in die Knie und somit zu einer ungewollten Auszeit zwingt. Da erst lernen wir wieder auf unseren Körper zu hören, auf ihn zu achten und als unseren wertvollsten und wichtigsten Besitz zu pflegen und zu „warten“.
Soweit muss es gar nicht erst kommen.
Es geht darum, frühzeitig „herunterzuschalten“ oder in den „Leerlauf“ zu schalten.
Auch dabei kann ein Coaching sehr hilfreich sein.
Unabhängig von Ihren Zielen, Anliegen oder Wünschen und ganz egal, ob Sie sich Beratung holen oder nicht, der Schlüssel hierzu heißt immer „Verantwortung“.
Diese persönliche Verantwortung für Ihr Denken, Fühlen, Wollen und Handeln sollten Sie für sich übernehmen.
Das bringt Sie entscheidend weiter.
Das sind Sie sich wert.

Das menschliche Hirn

“Überall geht ein frühes Ahnen dem späteren Wissen voraus.“
Alexander von Humboldt (1769-1859)

Das menschliche Hirn ist ein Wunderwerk der Schöpfung und einzigartig in der Funktionalität und im Aufbau. Das Hirn besteht aus drei relevanten Bereichen.
Besonders gut gefällt mir die Umschreibung dieser Bereiche, die Don Joseph Goewey in seinem Buch „Das stressfreie Gehirn“ gewählt hat.
Er bezeichnet die drei Teile des Gehirns als das „neurologische Pantheon von drei Götter mit einem Gefolge niedriger Götter, die alles zu einem funktionierenden Ganzen verknüpfen. Die drei Götter der Neurologie sind Apollo oder der Neocortex; Mars oder das emotionale Gehirn und der Drache oder das primitive Gehirn.“ [2]

„Das Land, das Apollo regiert, ist der Neocortex. Apollos Hof ist zum Teil in dem Bereich des Neocortexes untergebracht, der der Präfrontale Cortex genannt wird. Er ist der einzige Bereich des Gehirns, in dem alle drei Götter der Dreieinheit zum Rat zusammen sitzen. Es ist die Aufgabe Apollos, Frieden unter ihnen zu bewahren und sie in Einklang miteinander zu bringen. (...) Von seinem Thron im Präfrontalen Cortex aus, managt Apollo eine Reihe leitender Funktionen, angefangen mit dem Setzen von Zielen über die Planung, wie die Ziele zu erreichen sind, bis zur

[2] Don Joseph Goewey , Das stressfreie Gehirn, 2. Auflage 2013, S.47

Ausführung dieser Pläne. Er erzeugt den Arbeitsspeicher, der unsere Aufmerksamkeit auf das „Hier“ und „Jetzt“ fokussiert und abstrahiert Modelle zur Voraussage und letztlich zur Gestaltung der Zukunft.“[3]

Der Mars oder das emotionale Gehirn ist unsere pure reaktive Macht.
„Sie kann unseren Körper in einer Millisekunde aus dem Tiefschlaf in Alarmstufe Rot überführen. Als Sie das letzte Mal mitten in der Nacht wegen eines lauten Geräusches aufwachten, war das das Werk des Mars. Das Klopfen Ihres Herzens rief Mars hervor, der Sie darauf vorbereiten wollte, entweder um Ihr Leben zu kämpfen oder in ein sicheres Versteck zu fliehen. Und es war Apollo, der die Situation dann wieder entspannt hat, indem er Sie informierte, dass es nur eine Katze war, die den Deckel von der Mülltonne gestoßen hat.“[4]

Der Drache oder das primitive Hirn ist als ältester und kleinster Teil des Hirns die Grundlage, auf der sich die anderen Teile entwickelt haben.
Es ist unsere wilde und animalische Natur, die auf die Erde eingestimmt ist.
Diese wunderbare Umschreibung der drei Bereiche ist zunächst genügend, um die Zuständigkeit, die Funktionalität und ihre Verknüpfung in wirklich sehr groben Zügen zu verstehen.
Im weiteren Verlauf dieses Kapitels beschreibe ich den Aufbau des Hirns etwas genauer. Es dient einem besseren Verständnis für die Abläufe, die für unser Denken, Fühlen und Handeln verantwortlich sind.
Wenn Sie an Neurologie interessiert sind, können Sie diesen Abschnitt lesen.
Sie können ihn auch auslassen und direkt zu dem nächsten Kapitel übergehen.

---

[3] Don Joseph Goewey, Das stressfreie Gehirn, 2. Auflage 2013, S. 68
[4] Don Joseph Goewey, Das stressfreie Gehirn, 2. Auflage 2013, S. 89

Die drei oben genannten Gehirnbereiche werden von mir nun näher und eingehender betrachtet und etwas ausführlicher beschrieben.
Das **Großhirn** (Cortex cerebri) ist unsere ausgefeilte Informationszentrale, wo Informationen aus der Umwelt zusammenkommen und dann die entsprechenden Handlungsreaktionen veranlasst werden. Hier werden die meisten kognitiven Prozesse gesteuert, findet unser logisches Denken sowie die Selbstreflexion statt und hier erfolgt auch das Erkennen von komplexen Zusammenhängen.

Die Oberschicht des Großhirns - der **Neocortex -** ist der stammesgeschichtlich jüngste Teil der Großhirnrinde.
Er ist das einzigartige Markenzeichen der Gattung Mensch und der Stolz der Menschheit. Dank der Neocortex-Entwicklung kann der Mensch sprechen, ist in der Lage, logische Denkoperationen durchzuführen und komplizierte Sachverhalte zu vermitteln und zu klären.
Der Neocortex unterteilt sich in zwei Hemisphären, die durch ein dickes Faserbündel - dem „Corpus Callosum" - miteinander verbunden sind, über die Informationen zwischen den beiden Hemisphären ausgetauscht werden.[5]

Die Oberflächen der Hemisphären ihrerseits, unterteilen sich in vier Bereiche:

1. *Der Präfrontale Cortex* oder *Frontallappen*. Hier laufen unter anderem Prozesse ab, die mit Planungen und Entscheidungen zu tun haben, die die Aufmerksamkeit regulieren und sozial-emotionale Erfahrungen verarbeiten. In diesem Hirnbereich befindet sich der Sitz der Intelligenz und des rationalen Denkens.

[5] Rita Carter, Das Gehirn, 2010, S. 243

2. *Parietaler Cortex* oder *Scheitellappen*. Der Scheitellappen ist zuständig für sensorische Informationen (Berührung, Schmerz, Temperatur), Wahrnehmung und Koordination des eigenen Körpers im Raum. Er dient der Orientierung, ist für das räumliche Denken und Prozessen wie Rechnen und Lesen zuständig.

3. *Der okzipitale Cortex* oder *Hinterhauptslappen* beherbergt das Sehzentrum des Menschen. Er dient der Verarbeitung von visuellen Informationen.

4. *Der Temporale Cortex* oder *Schläfenlappen* ist zuständig für die auditive Informationsverarbeitung. Der Temporallappen enthält den primären-auditorischen Cortex, das Wernicke-Sprachzentrum und wichtige Strukturen für das Gedächtnis. Dieser Bereich ist auch zuständig für Emotionsregulation, das Kurzzeitgedächtnis und die Überführung der Informationen in das Langzeitgedächtnis durch seine enge Verbindung zum Hippocampus, dem Lernzentrum und Langzeitspeicher.

Der Neocortex besteht aus grauer Substanz, welche die darunter liegende weiße Substanz des Gehirns umgibt. Er besteht aus ca. 10-50 Milliarden Neuronen und fünf- bis zehnmal so viele Gliazellen.
Das Neuron ist der kleinste Baustein des Nervensystems und ist die Nervenzelle mit ihren typischen Fortsätzen. Von jeder dieser Nervenzellen gehen ca. 1.000 bis 10.000 Fortsätze aus, die elektrische Signale von anderen Neuronen empfangen und aussenden können. Die Neuronen bestehen aus: Zellkörper und Zellfortsätzen. Zellfortsätze gliedern sich in: Dendriten und Axone. Dendriten nehmen meist Nervensignale auf, Axone senden sie aus. Die Kommunikation zwischen Nervenzellen erfolgt durch Übertragung von Impulsen von Dendriten auf Axone. Da Dendriten und Axone sich nie berühren, erfolgt diese Übertragung über eine winzige Lücke, dem sogenannten

„synaptischen Spalt“. Erreicht zum Beispiel ein Impuls einen solchen synaptischen Spalt, werden an den Axonen chemische Botenstoffe - Neurotransmitter - freigesetzt, welche die Schnittstelle der Synapse überwinden und in den Dendriten einen elektrischen Impuls auslöst.
Die Gliazellen sind Stützzellen. Sie bieten den Dendriten und Axonen Halt im neuronalen Netzwerk und versorgen die Neuronen mit Nährstoffen.[6] Neuere neurowissenschaftliche Untersuchungen haben ergeben, dass die Funktion der Gliazellen, weit über die bislang angenommene Rolle hinausgeht und dass sie an vielen weiteren und wichtigen Gehirnfunktionen beteiligt sind.

Das emotionale Gehirn oder limbisches System. Es befindet sich unterhalb des Neocortexes und ist, entwicklungsgeschichtlich betrachtet, sehr viel älter als der Neocortex.
Struktur und Funktion sind bei Mensch und Säugetier fast gleich. Der Begriff „limbisches System“ wurde 1952 durch den amerikanischen Hirnforscher Paul MacLean verbreitet.[7]
Abgeleitet wird das Wort „limbisch“ von dem lateinischen Wort „limbus“, das „Ring“ oder „Saum“ heißt, weil das limbische System den Hirnstamm umringt und wie einen Saum umgibt. Das limbische System ist an Instinktverhalten, grundlegenden Emotionen und Impulsen wie Sexualtrieb, Zorn, Vergnügen und Überlebensdrang beteiligt.
Emotionen sind keine bewussten Gefühle, sondern körperliche Reaktionen auf bestimmte Impulse oder Reize. Emotionen werden im limbischen System generiert und da dieses System beim Menschen mit jüngeren kortikalen Bereichen verbunden ist, können Emotionen nicht nur wahrgenommen, sondern auch durch Gedanken beein-

[6] Rita Carter, Das Gehirn, 2010, S. 68, 69
[7] Mark F. Bear, Barry W. Connors, Michael A. Paradiso, Neurowissenschaften, 3. Auflage 2009, S. 639

flusst werden. In der neurologischen Wissenschaft ist die Frage, ob das Gehirn ein einzelnes und alleiniges Emotionssystem oder mehrere solcher Systeme hat, aktuell sehr umstritten.

Das Limbische System besteht aus folgenden Hauptkomponenten: Der Amygdala, dem Hippocampus, dem Mamillarkörper und dem limbischen Cortex.[8]

Der Amygdala kommt hierbei unbestritten die Funktion einer „Alarmzentrale der Gefühle“ zu. Ihr Name leitet sich vom altgriechischen Wort „amygdalon“ ab, das übersetzt „Mandel“ heißt, da sie mandelförmig ist. Die Amygdala wirkt als Speicher für gute und schlechte Erinnerungen, vor allem für emotionale Traumata. Somit ist die Amygdala das emotionale Bewertungssystem unseres Gehirns, der Speicher der emotionalen Erinnerungen und der Dreh- und Angelpunkt der Angstreaktion, die eine Alarm- und Stressreaktion hervorruft.

Auf etliche Reize reagieren wir nach wie vor automatisch. So zum Beispiel schrecken wir bei einem lauten Geräusch zusammen und entspannen uns dann, wenn wir erkennen, dass es harmlos war.

Wir durchlaufen somit zwei Arten von Reaktionen: die unbewusste und die bewusste. In der unbewussten Reaktion (vom Thalamus zur Amygdala) leitet der Thalamus - der Filter des Bewusstseins, der darüber wacht, welche Inhalte lebenswichtig genug sind, um die knappen Ressourcen der Aufmerksamkeit zu belegen - die sensorischen Informationen zur schnellen Analyse der Aktion, direkt zur Amygdala weiter. Diese prüft und beurteilt den emotionalen Gehalt der eingehenden Informationen und sendet zur Einleitung einer entsprechenden Handlung körperliche Reaktionssignale an andere Bereiche des Hirns, die aufgrund dieser Signale hormonelle Veränderungen im Körper auslösen und diesen dann auf eine entsprechende Reaktion vorbereiten. Diese Übertragung ist schnell, jedoch ungenau. Da die Amygdala nicht ausschließlich auf Signale vom Neocortex angewiesen ist, kann sie eine Reaktion einleiten, während

[8] Rita Carter, Das Gehirn, 2010, S. 64

der Neocortex noch damit beschäftigt ist, einen Plan für diese Reaktion aufzustellen. Das heißt, diese Reaktion läuft doppelt so schnell ab wie die andere, wesentlich langsamere, doch genauere und bewusste Reaktion.

Dieser bewusste Weg führt vom Thalamus zum Neocortex und von dort zum Mandelkern. Dabei werden die von den Sinnesorganen empfangenen Signale in die Sprache des Gehirns übersetzt und dann gelangen die Signale in den sensorischen Cortex, der hier für die logisch-analytische Identifizierung der sensorischen Wahrnehmung zuständig ist. Dieser leitet die bewusst wahrgenommenen Informationen an den Hippocampus weiter - als „Archiv" ist er unter anderem für die Erfassung, Speicherung und den Abruf von Informationen zuständig - der diese Information als Erinnerungen codiert und der auf eingelagerte Informationen zurückgreift, um die Eingangsinformation zu bestätigen oder modifizieren.[9]

Erst wenn der empfangene Reiz emotionell ist, läuft ein Signal zum Mandelkern und aktiviert die emotionalen Zentren. Diese Reaktion dauert länger, da mehr neuronale Schaltungen daran beteiligt sind. Sie ist auch besonnener, da dem Fühlen das rationelle Denken vorausgeht.

Da eine bewusste Koordination dieser beiden Prozesse und somit eine Abstimmung zwischen Denken und Fühlen selten möglich ist, erscheint uns auch das Verhalten bei Stress durchaus bekannt: kopflose und emotionale Reaktion auf der einen Seite sowie sachliche, scheinbar unberührte, vom Gefühl abgeschnittene Handlungsweise auf der anderen Seite.

Der nächste Hirnbereich wird vom limbischen System wie ein Saum umschlossen und ist mit diesem sozusagen fest verbunden. Es handelt sich um den Hirnstamm.

---

[9] Rita Carter, Das Gehirn, 2010, S. 125

Der Hirnstamm oder das primitive Gehirn. Man nennt diesen Teil des Gehirns auch Reptilienhirn, weil wir ihn mit Schlangen, Krokodilen oder Vögeln, also den niedrigen Lebensformen, gemeinsam haben.

Der Hirnstamm bildet den Übergang des Gehirns zum Rückenmark. Er ist der älteste und kleinste Teil des Gehirns. Der Hirnstamm ist ein komplexes Gebilde aus Fasern und Zellen, das teilweise dazu dient, Informationen vom Großhirn zu Rückenmark und Kleinhirn, sowie in umgekehrter Richtung, weiterzuleiten. Er ist ein Ort unbewusster autonomer Kontrollmechanismen und der Bereich, in dem die wichtigen Vitalfunktionen reguliert werden, wie etwa die Atmung, das Bewusstsein und die Körpertemperatur.[10] Der Hirnstamm steuert Reflexe, wie z. B. das Niesen, das Schlucken, das Verdauen, das Erbrechen und den Husten. Er ist darüber hinaus für den „Wettbewerb“ im Überlebenskampf zuständig und regelt unsere Angriffs- und Selbstverteidigungsmechanismen. Er stellt sicher, dass der Körper mit all seinen Systemen bei Gefahr am effizientesten arbeitet und ist verantwortlich für die Urinstinkte, die uns eine Gefahr effektiv begegnen lassen, durch rein instinktive Reaktionen wie Flucht, Angriff oder Erstarrung (Flight, Fight, Freeze).

Es sind dieses die angeborenen Reflexe unseres Unbewussten, das die Erfahrungen von Millionen Jahren tief und fest in unserem Erbgedächtnis verankert hat.

Der Hirnstamm sorgt auch dafür, dass wir bei Verlust des Bewusstseins und im Koma überleben. Er gilt zwar als der primitive Teil des Gehirns, besitzt aber für das Überleben die größte Bedeutung. Ein Mensch kann eine Schädigung des Klein- oder Großhirns durchaus überleben, aber eine Schädigung des Hirnstamms führt schnell zum Tode.

Diese kurze und bei weitem nicht vollständige Übersicht des menschlichen Wunderwerkes Hirn gibt eine grobe Übersicht darüber, wie unser Handeln und Verhalten gesteuert und beeinflusst werden.

---

[10] Mark F. Bear, Barry W. Connors, Michael A. Paradiso, Neurowissenschaften, 3. Auflage 2009, S. 192

Dass viele Entscheidungen nicht immer auf bewusstes Denken zurückzuführen sind, beweist ein bekanntes Phänomen: Die Intuition.
Intuition - umgangssprachlich auch „Bauchgefühl“ - als instinktives Erfassen oder als gefühlsmäßige Ahnung, ist eine Fähigkeit, die sich uns immer dann erschließt, wenn wir keine kognitive Erklärung für ein Phänomen haben. Bei dem „Bauchgefühl“ handelt es sich um einen Abruf von Informationen, die wir irgendwann über unsere fünf Sinne wahrgenommen und gespeichert haben und stellt den sogenannten sechsten Sinn dar. In der heutigen Welt sind wir jedoch der Auffassung, dass wir uns nur von Logik und Verstand leiten lassen dürfen und das Gefühl und der Instinkt, eine eher untergeordnete Rolle zu spielen haben. Wie froh sind wir jedoch, wenn in besonderen Fällen, in denen eine blitzschnelle Handlung erforderlich ist - sozusagen aus dem Handgelenk heraus - wir eine richtige Entscheidung treffen, bloß weil wir auf unser „Bauchgefühl“ gehört haben. Jetzt wertschätzen wir unsere intuitiven Fähigkeiten, kämen allerdings nie auf den Gedanken, diese gezielt bei wichtigen Entscheidungen einzusetzen. Wir haben gelernt, uns auf unser Frontalhirn zu verlassen und sind der Meinung, nur durch rationales Denken und logische Schlussfolgerungen die richtigen Entscheidungen treffen zu können. Mit unserer frontalhirngesteuerten Art und Weise an Themen und Probleme heranzugehen, setzen wir auf das kognitive Erfassen und logisches Begreifen und weniger auf unsere Körperwahrnehmung, die uns in sehr vielen Situationen ein zweifellos besserer Ratgeber sein kann. Das Bauchgefühl oder der intuitive Verstand sollte wieder mehr beachtet werden. Wenn wir uns auf diese Fähigkeit einlassen, ihr mehr vertrauen und sie nutzen, könnten viele unserer getroffenen Entscheidungen Gefühle der Zufriedenheit und der Harmonie in uns auslösen.
Zusammenfassend kann man sagen, wir Menschen verfügen über das kühl-rational operierende Großhirn, das impulsiv-emotionale Zwischenhirn (limbische System) und das instinktiv-gefühlsmäßige Stammhirn. Auch wenn wir meinen, dass unser

rationales Großhirn unsere Entscheidungen determiniert, so ist das nicht ganz richtig. Vielmehr spielen emotionale und instinktive Eigenschaften eine wesentliche, wenn nicht sogar prägende Rolle.
Der Diplom-Psychologe Hans-Georg Häusel ist der Meinung, dass die grundsätzlichen Entscheidungsparameter vom Reptilienhirn festgelegt werden.
Der Neocortex, so seine Meinung, ist eine Art Rechenzentrale, die frühere Erfahrungen abgleicht und daraus Pläne zur Zielerreichung ableitet.
Die letzte Entscheidung fällt jedoch im limbischen System. Diese Erkenntnis ist für alle Formen der Entscheidung im Alltag relevant und vor allem in der heutigen Managementpraxis von großer Bedeutung.[11]

[11] Hans-Georg Häusel, Think Limbic, 2009, S. 53

Beziehungen

„Der Mensch wird am Du zum Ich"

Martin Buber (1878-1965)

Wer das Hauptwerk des jüdischen Religionsphilosophen Martin Buber "Ich und Du" liest, versteht - eng verbunden mit dem theologischen Kernaspekt und vor dem Hintergrund bindungstheoretischer und entwicklungspsychologischer Erkenntnisse - seine Aussage: „Der Mensch wird am Du zum Ich".[12]

Das bedeutet, dass der Mensch nur durch Beziehungserfahrungen mit dem anderen Menschen, also dem „Du", seine Ich-Identität erlangt und zum Menschen reift. Nur durch heilsame Beziehungen mit anderen Menschen kann er innerlich wachsen, sich entfalten und entwickeln.

Eine Grundvoraussetzung für die heilsame Beziehungserfahrung, ist die Erfüllung von fundamentalen Beziehungsbedürfnissen.

Im Jahre 2002 veröffentlichte der Psychologe Richard G. Erskine „acht Beziehungsbedürfnisse", also Bedürfnisse, die im Kontakt mit anderen Menschen existieren[13].

[12] Martin Buber, Ich und Du, 2010, S 37

[13] Richard G. Erskine: Relational Needs, EATA Newsletter Nr. 73, 2002 / deutsch: Beziehungsbedürfnisse, ZTA, Heft 4, 2008

Im Einzelnen sind das:

1. Das Beziehungsbedürfnis nach Sicherheit.

   Das Bedürfnis nach Sicherheit steht an erster Stelle. Dieses betrifft so ziemlich alle wichtigen Bereiche unseres Lebens. Dieses Bedürfnis, als existenzielles Grund-bedürfnis, ist uns auch von Maslow[14] aus seiner Bedürfnishierachie bekannt. Sie tauchen auf, wenn die physiologischen Bedürfnisse (Atmung, Essen, Trinken, Schlaf, Sexualität, Wärme) relativ gut befriedigt sind.

   Wir versuchen, so gut es geht und dank der vielfältigen Angebote der Versicherungs-branche, uns vor überschaubaren Risiken zu schützen, indem wir dementsprechende Absicherungen vornehmen. Zu den Wichtigsten zählen: Die Kranken-, Arbeitslosen-, Invaliditäts- und Rentenversicherung.

   Auch in Beziehungen wollen wir uns emotional und psychisch sicher fühlen. Eine diesbezügliche Sicherheit bekommen wir jedoch durch keine Versicherung garantiert. Diese Sicherheit können wir nur in einer lebendigen Beziehung erfahren, nämlich dann, wenn wir uns fallen lassen und dabei erleben, aufgefangen und gehalten zu werden. Wir wollen uns so zeigen, wie wir sind, verletzlich und in Verbindung mit dem Anderen, ohne befürchten zu müssen, die Zuneigung und den Respekt des Partners[15] zu verlieren. Wir wollen klare und verlässliche Absprachen und Regeln mit unseren Mitmenschen haben.

2. Das Beziehungsbedürfnis nach Wertschätzung.

   Das Bedürfnis nach Wertschätzung ist ein weiteres Beziehungsbedürfnis, für dessen Befriedigung wir auf andere Menschen angewiesen sind. Wir wollen, dass

---

[14] A.H. Maslow, Motivation und Persönlichkeit, 2. Auflage 2008, S. 66

[15] Aus Gründen der besseren Lesbarkeit, verwende ich die männliche Form (z. B. Partner). Diese Schreibweise gilt, sofern es sich nicht um ein Zitat handelt, für das gesamte Buch. Alle männlichen und weiblichen Personen werden gleichberichtigt angesprochen.

man wertschätzend mit uns kommuniziert. Wir wollen in einer Beziehung respektiert und bedeutsam sein. Wir wollen verstanden werden und wir legen Wert auf kontinuierliche Vergewisserung dessen, dass man uns mag, dass man uns zugetan ist. Wir wollen Verlässlichkeit.

3. Das Beziehungsbedürfnis nach Schutz.
   Manchmal steigern wir unsere Ansprüche gegenüber uns selbst und gegenüber den Mitmenschen ins Unermessliche. Wir verlieren dann jeden Kontakt mit der Realität und erliegen dabei unserem kleinen Größenwahn. Das ist das Bedürfnis nach Grenzen, für dessen Befriedigung wir ein Gegenüber brauchen, das uns in Schutz nimmt vor uns selbst und vor unseren Übertreibungen. Wir wollen angenommen werden von einer starken, verlässlichen und uns zugewandten Person und zwar als fördernde, schützende und positiv erlebte Identifikationsfigur.

4. Das Beziehungsbedürfnis nach Bestätigung persönlicher Erfahrung.
   Es ist der Wunsch nach Gegenseitigkeit, nach einem gemeinsamen Teil Lebensweg mit einem Menschen, der ähnlich ist wie wir selbst, der uns ausreden lässt, der uns glaubt, dass wir das denken, was wir denken, dass wir das fühlen, was wir fühlen, dass wir das wahrgenommen haben, was wir wahrgenommen haben. Zu wissen, andere Menschen haben das Gleiche erlebt, gibt uns Befriedigung.
   Werden diese Beziehungsbedürfnisse jedoch missachtet, dann fühlen wir uns nicht ernst genommen und unser Vertrauen in die Tragfähigkeit der Beziehung nimmt Schaden.

5. Das Beziehungsbedürfnis nach Selbstdefinition.
   Es ist das Bedürfnis, in unserer persönlichen und einzigartigen Einmaligkeit akzeptiert zu werden, unsere Einmaligkeit ausdrücken und unsere ganz eigenen

Wünsche äußern zu dürfen. Das Bedürfnis nach Einmaligkeit findet seine Erfüllung, wenn es Menschen gibt die uns in unserer Einmaligkeit und Unverwechselbarkeit sehen, lieben und wertschätzen und für die wir eine besondere Bedeutung haben.

6. Das Beziehungsbedürfnis nach Beeinflussung.
   Wir brauchen das Gefühl, beim anderen Aufmerksamkeit und Interesse zu bewirken, sein Denken und Handeln in einer gewünschten Weise beeinflussen und emotionale Reaktionen auslösen zu können. Wir wollen den anderen Menschen in angenehmer Art und Weise beeindrucken.

7. Das Beziehungsbedürfnis nach Initiative des anderen.
   Wir wollen auch wichtig sein für den anderen Menschen und erleben, dass der andere Mensch von sich aus auf uns zukommt und Initiative ergreift, denn somit signalisiert er uns Wertschätzung und Bedeutung. Wir wollen, dass uns ein Angebot gemacht wird, ohne dass wir erst danach fragen müssen. Wir wollen, dass uns mitunter Wünsche erfüllt werden, die ein Gefühl in uns wachwerden lassen, das sich immer dann einstellt, wenn wir durch die unerwartete Initiative des Gegenüber in positivem Sinne überrascht werden.

8. Das Beziehungsbedürfnis nach Ausdruck von Liebe.
   Wir wollen unsere Liebe ausdrücken, sei es durch Dankbarkeit, Zuneigung oder einfach dadurch, das wir etwas Gutes für den anderen Menschen tun. Das Bedürfnis etwas zu geben, ist ein Herzensbedürfnis.
   Versetzen Sie sich einmal in die Lage, Sie möchten jemandem was schenken, haben für ihn ein Geschenk ausgesucht und überreichen es. Aus möglicherweise anerzogener Bescheidenheit sagt Ihnen der Beschenkte: „Das wäre doch nicht

nötig gewesen". Wie fühlen Sie sich dabei? Sind Sie leicht enttäuscht, da Sie mit einer anderen Reaktion gerechnet haben? Ein herzliches „Danke" hätte Sie wahrscheinlich schon glücklich gemacht. Eine totale Ablehnung des Geschenkes würde Sie vermutlich tief treffen und sehr kränken.

Wir haben nun einiges über das menschliche Hirn und seine Funktionsweise und die menschlichen Beziehungsbedürfnisse erfahren. Es ist interessant zu betrachten, was das für den Transfer in die Praxis bedeutet und zu erkennen, welche Faktoren das zwischenmenschliche Zusammenleben beeinflussen und stören können.
Aus diesem Grunde wende ich mich in den folgenden Kapiteln zwei wichtigen Themenbereichen unseres Alltags zu, die jeder Mensch gut kennt: Dem Stress und den Beziehungsstörungen.

Stress

"Stress: rastloser Kampf mit der Zeit."

Otto Baumgartner-Amstad (*1924)

Der Begriff „Stress" ist heute in aller Munde, selbst von Schulkindern hört man immer öfter, dass sie „gestresst" sind.

Was genau ist denn Stress? Stress wird definiert als ein Zustand der Alarmbereitschaft des Organismus, der sich auf eine erhöhte Leistungsbereitschaft einstellt. Der Begriff „Stress" wurde 1936 von Hans Selye geprägt, der zwischen Eu-Stress, als eine notwendige und positiv erlebte Aktivierung des Organismus und Dis-Stress, als eine belastende und schädlich wirkende Reaktion auf ein Übermaß an Anforderungen, unterschied. Allgemein wird Stress heute im letzteren Sinne benutzt. Stress kann durch eine Vielzahl körperlicher und seelischer Reize (Stressoren) ausgelöst werden: hohe innere Erwartungen, persönliche Befürchtungen, Herausforderungen, Wärme, Kälte, Lärm, Verletzungen, Infektionen, Probleme in der Partnerschaft, Überforderung im Beruf, Verlust eines geliebten Menschen u. v. a. m.

Selye beschrieb Stress, in seinem 1950 erschienenen Standardwerk „The Physiology and Pathology of Exposure to Stress" als die „unspezifische Reaktion des Organismus auf jede Art von Anforderung". Unabhängig von der Art der einwirkenden Stressoren kommt es zu einer körperlichen Anpassungsreaktion, die er das „Allgemeine Anpassungssyndrom" nannte, das heute auch als das „Selye-Syndrom" bekannt ist und nach wie vor ein wegweisendes Konzept ist.

Dieses verläuft in 3 Phasen: der Alarmreaktionsphase, der Widerstandsphase und der Erschöpfungsphase.
In der ersten Phase, der Alarmreaktionsphase, kommt es zu einer vermehrten Hormonausschüttung der Nebennieren. Die Ausschüttung erfolgt über zwei Wege, via Mandelkern und Hypothalamus.
Der eine Weg erfolgt über die Achse Hypothalamus → Hirnstamm → Rückenmark zum Adrenalin und Noradrenalin produzierenden Nebennierenmark.
Der zweite Weg führt über die Hypothalamus-Hypophyse-Nebennieren-Achse. Dabei schalten Neuronen das Corticotropin-Releasing-Hormon (CRH) ein. Unter dem Einfluss dieses Peptidhormons wird in den basophilen Zellen der Hirnanhangdrüse, genauer des Hypophysenvorderlappens, aus der Vorstufe des Proopiomelanocortins (POMC), das Peptidhormon Adrenocorticotropin (ACTH) gebildet. ACTH gelangt über die Blutbahn in die Nebenniere und veranlasst die Bildung von Cortisol[16].
Professor Hartmut Schächinger erklärt die Funktion von Cortisol folgendermaßen: „Cortisol zählt zu den Glukokortikoiden - es begünstigt die Herstellung von Glukose, also Zucker. In der Stresssituation wird dem Körper dieser Brennstoff zur Verfügung gestellt, um bei Gefahr rasch und energisch reagieren zu können - mit Kampf oder Flucht. Daneben hat Cortisol aber unzählige weitere Wirkungen auf praktisch jedes Organ. Im Prinzip zielen all diese Effekte darauf, die Funktionsfähigkeit des Organismus in einer Gefahrensituation aufrechtzuerhalten." Cortisol erhöht unter anderen den Blutdruck, der Herzschlag steigt an und gemeinsam mit der zeitgleich stattfindenden Ausschüttung von Adrenalin und Noradrenalin kann, falls die Sympathikus-Aktivierung aufgrund einer länger andauernden emotionalen Anspannung erhöht bleibt, Stresssymptome verursachen.
In der zweiten Phase, der Widerstandsphase, versucht der Organismus, sich an den Stressor anzupassen. Dabei lässt die Widerstandsfähigkeit gegenüber anderen

[16] Johann, Caspar Rüegg, Gehirn, Psyche und Körper. 4. aktualisierte Auflage 2007, Pos. 1469 E-Book

Stressoren nach und es kann zu einer Schwächung des Immunsystems kommen, so dass sich die Abwehrbereitschaft gegenüber Krankheiten verringert. In dieser Phase erreicht die Anpassungsleistung des Körpers ihr Optimum. Bei länger andauernden Stressreaktionen kommt es zu einer Gegensteuerung mithilfe des Parasympathikus, dem Ruhe- oder Entspannungsnerv.

Die aktivierende Wirkung des Sympathikus - dem Gaspedal, das dafür sorgt, dass der Körper zu Höchstleistungen fähig ist - wird dadurch abgeschwächt. Die Hormonausschüttung bleibt jedoch konstant hoch.

In der dritten Phase dieses Konzeptes, der Erschöpfungsphase, kommt es zu Energiebereitstellungsproblemen. Dadurch können die ausgleichenden Prozesse von Erregung und Gegensteuerung der Widerstandsphase nicht mehr optimal wirken. Folgen sind z. B. Schwächung der Immunabwehr, Magengeschwüre, Bluthochdruck, Gewichtsverlust, psychosomatische Störungen, Herz- und Nierenkrankheiten, Entzündungen, Allergien oder Herzinfarkt.

“Stress kommt nicht davon, was man macht, sondern davon, wie man auf Belastungen reagiert und wie man sich fühlt. Wenn man mit Stress erfolgreich umgehen kann, kann man sehr viel arbeiten, ohne krank zu werden. Fühlt man sich über eine lange Zeit jedoch erheblichem Stress ausgesetzt, kann das die Lebensdauer um Jahre verkürzen. Der gefühlte Stress ist entscheidend.“ sagt Präventivmediziner Dean Ornish in einem Interview mit Mirjam Hecking im Manager Magazin.[17] Er fährt fort: „Freunde, Familie spielen hier eine enorme Rolle. Studien haben gezeigt, dass Menschen, die alleine und deprimiert sind, ein drei bis zehn Mal höheres Krankheitsrisiko haben und früher sterben als Menschen, die emotional aufgefangen werden. Ich kenne nichts in der Medizin, das eine solche Auswirkung hat. Wenn wir realisieren, dass das kein Luxus, sondern Notwendigkeiten für ein gesundes Leben ist, wird sich vielleicht unser Umgang damit ändern.“

[17] In der Online-Ausgabe von Manager Magazin vom 31.10.2013

Was bedeutet der Stress für das Hirn?

Don Joseph Goewey fasst in seinem Buch „Das stressfreie Gehirn" den Begriff Stress folgendermaßen zusammen: „Stress ist Angst. (...) Angst ist der biologische Auslöser für eine Stressreaktion. Zu viel Stress beeinträchtigt die höheren Gehirnfunktionen und chronischer Stress macht es dem Hirn unmöglich, Spitzenleistungen zu erbringen, positive Beziehungen zu pflegen und gesund zu bleiben."[18]

Thomas Weil kategorisiert Stress in seinem Buch: "Endlich frei von Stress" nach positivem und negativem Stress, nach äußerem und innerem Stress, sowie kontrollierbarem und unkontrollierbarem Stress, die schlussendlich in ihrer Gesamtheit das Ausmaß und die Intensität des Stresses bestimmen.[19] Seiner Meinung nach, können gerade innere Stressoren in Gestalt von superlativistischen, überzogenen, inneren Ansprüchen sowie von daraus resultierenden Gruselfantasien und negativen, einschränkenden Grundüberzeugungen erheblich dazu beitragen, dass Stressniveau ins Unermessliche zu steigern. Der Stress wird somit unkontrollierbar.

Thomas Weil schreibt in seinem Buch hierzu: „Moderater und kontrollierbarer Stress regt die Datenverarbeitungsprozesse in unserem Gehirn an. Er sorgt dafür, dass wir lernen und uns weiter entwickeln. In neurobiologischer Hinsicht bedeutet dies, dass es in unserem Gehirn zu (neuronalen) Neu-Verschaltungen kommt. Das menschliche Gehirn verfügt über eine hohe Plastizität. Es ist in der Lage, sich zu verändern und dort neue Verknüpfungen herzustellen, wo sie gebraucht werden. Bei nachhaltig heftigem und unkontrollierbarem Stress und bei schweren physischen und psychischen Verletzungen hingegen verhält es sich anders: Die Überflutung mit dem Stresshormon Adrenalin wirkt nicht mehr anregend sondern hemmend.

Die bäumchenartigen Verästelungen der Nervenzellen, die „Dendriten", die für den Datentransport in den neuronalen Netzen unseres Gehirns verantwortlich sind, ziehen

---

[18] Don Joseph Goewey, Das stressfreie Gehirn, 2. Auflage 2013, S. 31

[19] Thomas Weil, Endlich frei von Stress. Innere Blockaden lösen mit ROMPC®, Kassel 2010, S. 35, 42

sich „verschreckt" zurück oder sterben gar ab. Die Fülle der eingehenden Informationen kann nicht mehr verarbeitet werden. Der Datenverarbeitungsprozess gerät ins Stocken. Und schließlich kommt es zum „Datenrückstau". Unverarbeitete Datenfragmente bleiben als „Datenmüll" liegen und bewirken, dass sich unser limbisches System nicht mehr beruhigen und dass man belastendes Material nicht mehr loswerden kann. Auch wenn der Stress längst vorüber ist, stehen wir noch immer wie „unter Strom". Lange zurückliegende Verletzungen finden keinen Platz in der Geschichte, sondern werden als gegenwärtig erlebt. Es fällt uns schwer, uns von dem zu distanzieren, was uns emotional belastet."[20]

Dauer-Stress kann dazu führen, dass das Gleichgewicht zwischen Stressachse und dem Immunsystem aus der Balance gerät und es können sich daraus gesundheitliche Folgen ergeben. So können zum Beispiel belastende und andauernde Probleme in zwischenmenschlichen Beziehungen sowie chronischer Stress zur Aktivierung des bekannten CRH-Stressgens führen und damit zur vermehrten Produktion von Cortisol. Dies kann zur Folge haben, dass das Immunsystem in seiner Funktion behindert wird, Infektionen abzuwehren, Verletzungen zu überwinden oder im Körper schlafende Viren unter Kontrolle zu halten. Beispiele hierfür sind Herpes-Viren mit ihren bekannten Folgen. Eine Überaktivierung der Stressachse und eine Erhöhung des körpereigenen Cortisols können verschiedene chronische Gesundheitsstörungen zur Folge haben und sind vermutlich auch eine der Ursachen des chronischen Müdigkeitssyndroms (CSF oder Chronic-fatigue-syndrom).[21]

In unzähligen Ratgebern zum Thema Stress wurden Empfehlungen, Tipps und Anregungen gegeben, wie man mit Stress umgehen kann und soll. Liest man diese Ratgeber in entspannter Art und Weise, klingt einem alles plausibel. Ist man erst gefangen in der „Stress-Mühle", nützen einem diese Tipps nicht viel. Es fehlt an Zeit,

[20] Thomas Weil, Endlich frei von Stress. Innere Blockaden lösen mit ROMPC®, Kassel 2010, S. 71, 72

[21] Joachim Bauer, das Gedächtnis des Körpers, 17. Auflage, 2011, S 116, 117

Ruhe, Entspannung, Lockerheit und vielmals an der richtigen Einstellung den Stressoren gegenüber.
Vergeblich bemüht man sich ein Gleichgewicht zwischen EU-Stress und DIS-Stress zu finden. Man beißt die Zähne zusammen und kämpft sich durch. Mit Folgen, die jeder von uns in der einen oder anderen Form bereits erlebt hat.
Es stellt sich die Frage, was getan werden kann und was getan werden muss, um den Stress in den Griff zu kriegen.
Es liegt in der Verantwortung eines jeden, die für ihn stimmige und passende Maßnahme zur Stressreduktion zu finden. Dazu gehören Entspannung, Sport, Ausgleichstätigkeiten, Spaziergänge und darüber hinaus die Teilnahme an den vielfältigen Kursen der Krankenkassen und/oder an Maßnahmen der betrieblichen Gesundheitsförderungen.
Es steht jedem offen, durch ein gezieltes Einzel-Coaching, persönliches Stressmanagement zu betreiben.

Beziehungsstörungen

"Es sind nicht die Dinge selbst, die uns bewegen, sondern die Ansichten, die wir von ihnen haben."
Epiktet (55 n.Chr-135 n.Chr)

Wir haben erfahren, dass das positive zwischenmenschliche Miteinander verstärkt von der Erfüllung von Beziehungsbedürfnissen abhängt und können uns somit ausmalen, dass Verletzungen dieser Bedürfnisse Störungen hervorrufen können. Diese Störungen werden von uns unbewusst ins Verhalten übersetzt und sind mit verantwortlich, dass unsere Reaktionen in Interaktionen, dem Fehlen dieser Bedürfniserfüllung Rechnung tragen.
Lassen Sie mich das bitte an zwei Beispielen festmachen.
Bitte stellen Sie sich folgende Situationen vor:

1. Sie spielen sehr gerne Squash oder Tennis. Nach einem schweißtreibenden Spiel bekommen Sie zufälligerweise mit, wie Ihr Partner, sich einer anderen Person gegenüber äußert, dass er sich wünscht, mal gegen einen "richtigen" Gegner zu spielen.
   Hören Sie bitte mal in sich hinein, was solch eine Geringschätzung Ihrer Person in Ihnen auslöst!

2. Sie sitzen in einem Meeting und leisten einen, wie Sie meinen, konstruktiven Beitrag, der allerdings von Ihrem Vorgesetzten mit dem lapidaren Satz kommentiert wird: „Wir brauchen jetzt gute Vorschläge und keine heiße Luft". Hören Sie bitte erneut in sich hinein, was dieser Satz in Ihnen bewirkt!

Vielleicht haben Sie die eine oder andere Situation schon erlebt, erfreulicherweise weder das Eine noch das Andere. Doch sicher sind Sie in der Lage nachzuvollziehen, welche Auswirkungen solch verletzender Beziehungs-Umgang verursacht.
Wann haben Sie zuletzt eine Störung in einer Beziehung bewusst wahrgenommen?
War diese Störung eher im privaten oder im beruflichen Bereich?
Hat Sie diese Störung nachhaltig beeinflusst und in einigen alltäglichen Prozessen behindert oder sind Sie schnell wieder zur Tagesordnung übergegangen?
Wissen Sie noch wie alles angefangen hat?
Kann es vielleicht sein, dass es mit Gedanken Ihrerseits begonnen hat?
Gedanken sind unsere treuesten Begleiter.
Sie wachen morgens auf und schon beginnt es in Ihnen zu denken: "Heute bin ich spät dran, zum Frühstück reicht es nicht mehr, schnell unter die Dusche, vorher kann ich die Kaffeemaschine anwerfen, den Kaffee kann ich unterwegs trinken, wenn ich im Büro bin, muss ich zunächst die Präsentation fertig stellen, 11:00 Uhr ist der Termin mit Herrn Müller, bis dahin müssen die Unterlagen fertig sein, mal sehen, wie der heute gelaunt ist, der Mensch ist aber auch sehr unberechenbar und launisch, beim letzten Gespräch hat er mich vor versammelter Runde `runter gemacht, der „Sack", ich mag ihn nicht, mit seiner unrasierten Fresse, dem widerlichen Parfüm, der schlampigen Kleidung und seinem arroganten Gehabe, wenn ich es recht überlege, habe ich gar keine rechte Lust, diesen Termin heute wahrzunehmen, vielleicht kann ich Kollegen Schmitz bitten, mich zu vertreten, aber der Schmitz ist ja auch so `ne linke Bazille, der nur auf seine Vorteile aus ist und sich bei jeder sich bietenden

Gelegenheit in den Vordergrund drängt, nein, der macht es mit Sicherheit nicht, dem gönne ich es einfach nicht, und außerdem schuldet der mir noch Geld für den Wetteinsatz bei der wöchentlichen Fußballwette, mal sehen ob er von sich aus daran denkt oder ob ich ihn wieder daran erinnern muss..."

So oder so ähnlich können die ersten Sekunden an einem Morgen nach dem Aufstehen aussehen. Dies sind nur einige von ca. 60.000 Gedanken, die der Mensch am Tage denkt. Man schätzt, dass davon ca. 90 % sich wiederholende Gedanken sind. Gedanken sind enorme Kräfte.

Gedanken können unsere Gemütslage und Wahrnehmung beeinflussen, sie können uns herunterziehen und in eine negative Schleife geraten lassen. So zum Beispiel können sie zu nächtlicher Schlaflosigkeit führen, wenn der Verstand ein "Problem" hat und sich die Gedanken in eine Schleife begeben, wo sie "heiß laufen". Dabei besteht die Gefahr, dass man sich in etwas hinein steigert, dass man sich möglicherweise in schmerzliche Gedankengänge begibt die angstvolle Bilder hervorrufen, die Thomas Weil „galoppierende Gruselfantasie" nennt.[22] Hierbei drehen sich die Gedanken um die Befürchtungen darüber, was andere über uns denken, wie sich andere uns gegenüber verhalten und dass es schlecht ausgehen kann für uns.

Andererseits kann die positive Kraft der Gedanken uns mit Freude erfüllen, denken wir nur an ein bevorstehendes Rendezvous, an ein Abendessen mit lieben Personen, einen Kinobesuch oder dergleichen mehr.

Wir sind, was wir denken.
Alles, was wir sind, entsteht aus unseren Gedanken.
Mit unseren Gedanken erschaffen wir die Welt.

Buddha

[22] Thomas Weil, Endlich frei von Stress. Innere Blockaden lösen mit ROMPC®, Kassel 2010, S. 41

Diese Weisheit unterstreicht nochmal, wie kraftvoll unsere Gedanken sein können und wie wichtig es ist, dass das, was wir denken, von uns selber beeinflussbar und steuerbar ist. Wenn wir das eingangs benutzte Beispiel bezüglich des Meetings mit Herrn Müller nehmen, können unsere Gedanken durchaus unsere Haltung dergestalt beeinflussen, dass der Termin tatsächlich von negativen Schwingungen und Spannungsfeldern begleitet wird, so dass ein konstruktives und kreatives Zusammenarbeiten darunter erheblich leiden kann.

Und keiner kann erklären warum.

Negative Gedanken, die sich uns immerwährend aufdrängen, können wir mit einer Technik aus der Verhaltenstherapie begegnen: Dem Gedankenstopp. Probieren Sie es mal aus, wenn Sie sich in einer Phase befinden, wo unangenehme Gedanken Sie stören und bedrängen, einfach mal ein lautes "Stopp" zu rufen. Achten Sie bitte mal darauf, mit welcher Energie Sie wieder ins geistige Gleichgewicht geraten.

Sie erinnern sich vielleicht, dass in dem Kapitel "Hirn" die Amygdala als emotionaler Speicher bezeichnet wurde. Hier werden sämtliche emotionellen Informationen seit unserer Geburt gespeichert. Demzufolge werden hier auch die Vorlieben und Abneigungen abgelegt und können bei Bedarf, was sehr oft geschieht, zur Beurteilung herangezogen werden. Unser wertender Geist bedient sich dieser Daten für uns völlig unbewusst. Da der Mandelkern nicht zwischen Vergangenheit und Gegenwart unterscheiden kann, werden Verletzungen aus der Vergangenheit von der Amygdala als gegenwärtig angesehen. Die Folge ist, dass wir in manchen Situationen etwas sehen, was in Wirklichkeit gar nicht vorhanden ist, doch das wir in dem aktuellen Moment für wahr halten.

Ein Beispiel hierfür: Während einer Geschäftsreise, lud ich einen Kunden zum Arbeitsessen ein. Wir betraten ein Lokal, das bekannt war für seine regionalen Spezialitäten und nahmen Platz. Der Inhaber begrüßte uns persönlich, überreichte uns die Speisekarte und teilte uns mit, was der Koch als „Schmankerl" anbot und nicht auf der Speisekarte stand. Nach kurzer Zeit bestand mein Kunde darauf, das Lokal zu wechseln. Ohne zu bestellen standen wir auf und verließen das Lokal. Der Kunde teilte mir nach einigem Zögern dann auch mit, dass der Grund für den Lokalwechsel der Inhaber des Restaurants war. Er kannte ihn zwar nicht und hatte ihn noch nie gesehen, doch erinnerte dieser ihn sehr stark an den Mann, wegen dem seine Frau ihn verlassen hat.

Ähnliches spielt sich ab, wenn man in einer alltäglichen Situation oder im Beruf eine bestimmte Meinung oder ein Vorurteil über einen Menschen hat. Es kann durchaus sein, dass dies aus einer in der Vergangenheit liegenden psychischen Verletzung herrühren kann. Vielfach ist diese, unterhalb der Schwelle bewusster Wahrnehmung liegende Verletzung aus der Vergangenheit, möglicherweise sogar aus der frühkindlichen Vergangenheit, die Ursache für einen Konflikt.

Das menschliche Verhalten wird von den essenziellen Vital-Bedürfnissen wie Schlaf, Atmung, Essen, Trinken und Sexualität bestimmt. Hans-Georg Häusl postuliert in seinem Buch "Think Limbic"[23], dass das menschliche Verhalten auch entscheidend von drei biologischen Imperativen bestimmt wird, und zwar von den drei limbischen Instruktionen: Balance, Dominanz, Stimulanz.

Diese limbische Steuerung erfolgt über Gefühle und trägt dazu bei, dass über 70 % unseres Verhaltens aufgrund dieser für uns unbewussten Steuerung erfolgt.

Die Balance-Instruktion ist dafür verantwortlich, die Sicherheit, Stabilität und Konstanz in unserer äußeren Lebensumwelt, in unserem Denken und in unserem Körper zu erreichen bzw. zu erhalten[24].

Die Dominanz-Instruktion ist verantwortlich für das Wachstum, allerdings auch für Zerstörung. Der innere Drang nach Macht und zur Spitze, wird genährt durch diese

[23] Hans-Georg Häusl, Think Limbic, 4. Auflage 2009, S. 36
[24] Hans-Georg Häusl, Think Limbic, 4. Auflage 2009, S. 59

Kraft. In ihrer destruktiven Form ist sie verantwortlich für Kriege und in ihrer positivsten Form dient sie als Motor des Fortschritts.[25]

Die Stimulanz-Instruktion ist die Kraft der Kreativität und ist stets auf der Suche nach neuen, unbekannten Reizen, liebt die Abwechslung, vermeidet Langeweile und, unterstützt durch die Dominanz-Instruktion, dient sie als Quelle der Innovation.[26]

Die Komplexität unseres Hirns erlaubt es uns oft nicht, die Gründe unseres Denkens, Fühlens oder Handelns zu erkennen und entsprechende Verantwortung zu übernehmen. Es kann zu Störungen in den Beziehungen kommen, ohne dass es einen triftigen Grund oder Vorfall geben muss.

Kommt dann noch Stress hinzu, wird das Blickfeld weiter eingeengt und es laufen Muster ab, die wir im Laufe unseres Lebens als Reaktion auf selbst erlittene Verletzungen entwickelt oder von anderen, uns nahestehenden und uns prägenden Menschen übernommen haben. Natürlich laufen diese Muster für uns unbewusst und demzufolge nicht beeinflussbar ab. Ein solches Muster kann zum Beispiel die "Prüfungsangst" sein, die wir möglicherweise aus der Schule oder dem Studium kennen, das sich durch Symptome wie Herzklopfen, belegte Zunge, trockener Hals, Schwitzen bis hin zu einer totalen Wissensblockade äußert. Ähnliche Muster laufen auch während einer verbalen Auseinandersetzung mit Kollegen oder Vorgesetzten ab und werden stark durch unsere persönliche Wahrnehmung beeinflusst, die letztendlich verantwortlich ist für die Bedeutung, die wir in der Interaktion mit unserem Gegenüber und seiner Kommunikation beimessen.

Wenn Beziehungsstörungen eine Form annehmen, in der wir uns persönlich angegriffen fühlen und wir der Meinung sind, Verteidigungsstrategien entwickeln zu müssen, besteht die Gefahr, dass die extreme Form einer Störung, nämlich ein „Konflikt“ entsteht.

---

[25] Hans-Georg Häusl, Think Limbic, 4. Auflage 2009, S. 69

[26] Hans-Georg Häusl, Think Limbic, 4. Auflage 2009, S. 85

Das Wort *Konflikt* stammt von dem lateinischen Wort „*confligere*" und bedeutet zusammentreffen, zusammenprallen, kämpfen.

Der D u d e n „Das Fremdwörterbuch" definiert Konflikt[27] (lat.: „Zusammenstoß") als: Auseinandersetzung zwischen Staaten (bewaffnet, militärisch), Streit, Zerwürfnis, Widerstreit der Motive, Zwiespalt.

In der Psychologie bzw. in den Sozialwissenschaften allgemein spricht man dann von einem Konflikt, wenn zwei - meist soziale - Elemente gleichzeitig gegensätzlich oder unvereinbar sind. Einen Konflikt zwischen Personen bezeichnet man als interpersonellen Konflikt und dieser ist die Basis für den so genannten sozialen Konflikt.

In der Fachliteratur gibt es eine große Bandbreite unterschiedlicher Konfliktdefinitionen. Die Definitionen unterscheiden sich durch die Vielfalt der Aspekte sowie durch ihre Weite und Schärfe.

Einer der bekanntesten deutschsprachigen Experten im Bereich des Konfliktmanagements, Friedrich Glasl, hat eine eigene - prägnant eingrenzende - Definition sozialer Konflikte durch Synthese verschiedener Definitionen erstellt[28]

„Sozialer Konflikt ist eine Interaktion[29] zwischen Aktoren (Individuen, Gruppen, Organisationen usw.) wobei wenigstens ein Aktor eine Differenz beziehungsweise. Unvereinbarkeit im Wahrnehmen und im Denken bzw. Vorstellen und im Fühlen und im Wollen mit dem anderen Aktor (den anderen Aktoren) in der Art erlebt, dass beim Verwirklichen dessen, was der Aktor denkt, fühlt oder will, eine Beeinträchtigung durch den anderen Aktor (die anderen Aktoren) erfolgt".

Nach dieser Definition müssen einige wichtige Grundvoraussetzungen erfüllt sein: Die Konfliktbeteiligten müssen sich ihrer konträren Positionen bewusst sein und sie müssen interagieren. Ohne die Realisierung und das Erleben der Beeinträchtigung

---

[27] Duden, Fremdwörterbuch, Band 5, 2001, S. 530

[28] Glasl, Friedrich, Konfliktmanagement, 8. Auflage 2004, S. 17

[29] Schulz von Thun, Friedemann, Miteinander Reden, 47. Auflage 2009, S. 82
→ Interaktion ist die Reaktion des Empfängers auf die Botschaft des Senders

(Behinderung, Widerstand, Abwehr oder Angriff) seitens mindestens einer Partei, kann von einem sozialen Konflikt nicht gesprochen werden.
Um die Dynamik eines Konfliktes zu verstehen und seine Entwicklung nachvollziehen zu können, hat Friedrich Glasl ein Phasenmodell[30] der Konfliktsteigerung entwickelt, das die einzelnen Eskalationsstufen eines Konfliktes darstellen. Sinnigerweise stellt er seinen Eskalationsprozess als eine Abwärts-bewegung dar. Über nach unten führenden neun Stufen kann man den unheilvollen Verlauf der einzelnen Stationen nachvollziehen.

Die einzelnen Eskalationsstufen sind:

1. Verhärtung. Es wird kälter. Spannungen und Reibungen treten auf. Standpunkte verhärten sich und prallen aufeinander. Die beteiligten Personen sind sich der Spannung bewusst, jedoch zu direkten Verhandlungsgesprächen bereit, da sich noch keine festen Lager gebildet haben.

2. Debatte, Polemik: Verbales Pingpong. Polarisation im Denken, Wollen und Fühlen. Die Konfliktparteien vertreten ihre Positionen nun deutlicher und nehmen offene Konfrontation in Kauf.

3. Taten statt Worte: Ab jetzt wird gehandelt. Taten stehen im Mittelpunkt der Auseinandersetzungen. Worte erscheinen nicht mehr als ausreichendes Mittel. Die Parteien misstrauen sich. Das soziale Klima ist durch Reizbarkeit und Konkurrenz geprägt. Die Empathie ist verloren gegangen. Das nonverbale Verhalten führt zu Fehlinterpretationen.

[30] Glasl, Friedrich, Konfliktmanagement, 8. Auflage 2004, S. 233

4. Images, Koalitionen: Gemeinsam bin ich stärker. Die Betroffenen versuchen durch Gruppenbildung die eigene Vorstellung besser durchsetzen zu können. Eigene Standpunkte werden pauschalisiert und Stereotypen erzeugt. Im Vordergrund steht nicht mehr das eigentliche Problem, sondern das Verhalten der Gegenseite.

5. Gesichtsverlust: Der andere ist der Schuft! Es kommt zu gegenseitigen öffentlichen und direkten Angriffen mit dem Zweck des Gesichtsverlustes des Gegners. Die Parteien versuchen sich gegenseitig zu demaskieren.

6. Drohstrategien: Wer nicht hören will muss fühlen! Drohungen und Gegendrohungen werden ausgesprochen. Durch das Drohverhalten verschärft sich der Konflikt massiv. Die Beteiligten stehen unter hohem Druck und Stress.

7. Begrenzte Vernichtungsschläge: Dem zeige ich es jetzt! In diesem Stadium haben die Parteien nur noch die weitgehende Vernichtung des Gegners vor Augen. Die Konfliktaustragung wird von Zerstörungswut und Machtgefühl dominiert.

8. Zersplitterung: Die Vernichtungsaktionen werden heftiger. Macht und Existenzgrundlage des Gegners soll zerstört werden. Das Verhalten der Parteien ist destruktiv.

9. Gemeinsam in den Abgrund: Die totale Konfrontation ist erreicht. Es gibt keinen Weg mehr zurück. Die eigene Existenzgrundlage wird mit aufs Spiel gesetzt. Das einzige Bestreben ist der Untergang des Feindes, auch wenn das die eigene Vernichtung zur Folge hat.

In den Stufen eins bis drei ist eine Vermittlung von außen noch nicht erforderlich. Es herrscht noch eine „Win-win"-Situation vor. Die Parteien sind der Überzeugung, den Konflikt gemeinsam lösen zu können. Hier kann die Arbeit mit einem Coach zu wunderbaren Ergebnissen führen.

In Stufen vier bis sechs liegt eine „Win-lose"-Situation vor. Die Parteien glauben nicht mehr an eine Lösungsfindung. Es geht nur noch um Sieg oder Niederlage. Der Konflikt kann nur durch Vermittlung bearbeitet werden. In diesen Phasen kann eine Mediation sehr hilfreich sein, weil durch sie beide Parteien ihr Gesicht wahren können.

Die Stufen sieben bis neun sind durch eine „Lose-lose"-Situation gekennzeichnet. Es gibt keinen Gewinner mehr. Das eigentliche Problem rückt in den Hintergrund. Eine dritte Partei kann nicht mehr vermitteln. Der Konflikt kann nur noch mit Macht beendet werden. In den meisten Fällen erfolgt eine Rechtsprechung durch das Gericht.

Belastende Beziehungsstörungen gibt es nur zwischen Menschen und können demnach auch nur von Menschen gelöst werden. Welche Wege es hierzu gibt, wird in den folgenden Kapiteln Coaching und Mediation behandelt.

Kommunikation

„Wie sprechen Menschen mit Menschen? Aneinander vorbei."

Kurt Tucholsky (1890-1935)

Ich möchte nachfolgend den Gedanken der Beziehungsstörung durch Kommunikation aufgreifen und näher beleuchten. Vom bekannten und renommierten Kommunikationswissenschaftler Paul Watzlawick stammt die Aussage: "man kann nicht, nicht kommunizieren".[31]

Wir Menschen können uns sowohl sprachlich als auch nicht-sprachlich (nonverbal) verständigen. Doch die Verständigung läuft nicht immer so ab wie wir sie uns vorstellen, da es oft und aus unterschiedlichen Gründen zu Störungen in der Kommunikation kommen kann. Einige Gründe hat Konrad Lorenz auf den Punkt gebracht.

"**Gedacht** heißt nicht immer **gesagt**,
Gesagt heißt nicht immer **gehört**,
Gehört heißt nicht immer **verstanden**,
Verstanden heißt nicht immer **einverstanden**,
Einverstanden heißt nicht immer **angewendet**,
Angewendet heißt nicht immer **beibehalten**."

(nach Konrad Lorenz, österreichischer Verhaltensforscher)

---

[31] Paul Watzlawick, Janet H. Beavin, Don D. Jackson, Menschliche Kommunikation, 12. Auflage 2011, Pos. 87 (Kindle-Edition)

Störungen können auch auf dem Übertragungsweg entstehen, zum Beispiel beeinflusst durch Lärm, aufgrund unterschiedlicher Wahrnehmungskanäle oder durch andere Beeinträchtigungen.

Um Missverständnisse zu vermeiden, ist es wichtig, dass der Empfänger eine Rückmeldung an den Sender gibt, wie er die Botschaft verstanden hat und welche Bedeutung er ihr beimisst. Ein durchaus probater erster Schritt zu einer besseren Verständigung durch Kommunikation kann die Bitte an unseren Gesprächspartner sein, uns mitzuteilen, was er uns hat sagen hören.

Ein geeignetes Instrument zur Vorbeugung von Missverständnissen in der Kommunikation, ist die Verwendung des von Marshall B. Rosenberg entwickelten Kommunikations- und Konfliktlösungsmodells „Gewaltfreie Kommunikation“ (GFK).[32]

„Ich nenne diese Methode Gewaltfreie Kommunikation und benutze den Begriff Gewaltfreiheit im Sinne von Gandhi: Er meint damit unser einfühlendes Wesen, das sich wieder entfaltet, wenn die Gewalt in unseren Herzen nachlässt. Wir betrachten unsere Art zu sprechen vielleicht nicht als „gewalttätig“, dennoch führen unsere Worte oft zu Verletzung und Leid - bei uns selbst oder bei anderen“ sagt Rosenberg.[33]

Es gibt Gruppen, die das Wort „Gewalt“ aus dem Begriff entfernt haben und das Modell „Einfühlsame Kommunikation“ nennen. Beiden gemein ist, dass sie sich auf sprachliche und kommunikative Fähigkeiten stützen, um selbst unter herausfordernden Umständen menschlich zu bleiben. Das ermöglicht gerade in diesen speziellen Situationen Verständnis für die Bedürfnisse aller Beteiligten und die entsprechende Berücksichtigung dieser Bedürfnisse.

---

[32] Rosenberg, Marshall B., Gewaltfreie Kommunikation, 8. Auflage Paderborn 2009

[33] Rosenberg, Marshall B., Gewaltfreie Kommunikation, 8. Auflage Paderborn 2009. S. 22

Das Modell der „Gewaltfreien Kommunikation“ nach Rosenberg bietet ein breites Anwendungsspektrum und basiert auf vier Komponenten, die einerseits sehr einfach in der Beschreibung, andererseits schwierig in der Umsetzung sind, weil wir diese Art der Kommunikation nie gelernt haben und sie uns in der heutigen Praxis etwas umständlich erscheint.

Diese Komponenten sind:

1. Beobachten ohne zu bewerten.
   Stellen Sie sich bitte mal vor, Sie sind mit Ihrem Partner verabredet.
   Sie wollen beide sehr gern einen spannenden Film sehen. Sie arbeiten in unterschiedlichen Firmen und kommen beide aus dem Büro. Der Partner ist pünktlich, Sie allerdings nicht. Der Partner kaufte eine Karte für sich und eine für Sie, und hinterlegt die Karte für Sie an der Kasse. Etwa 20 Minuten nachdem der Film begonnen hat, kommen Sie im Kino an und nehmen Ihren Platz neben dem Partner ein. Bitte hören Sie einfach mal in sich hinein, und entdecken, was folgende Aussagen Ihres Partners in Ihnen bewirken:

   a) „Du bist wieder mal zu spät!“
   b) „Du hast 20 Minuten des Filmes verpasst.“

   Wie fühlt sich die Aussage a) mit Wertung und wie fühlt sich die Aussage b) ohne Wertung an?

2. Gefühle (statt Gedanken) in Bezug auf das Beobachtete wahrnehmen und ausdrücken.

In unserer Kultur werden wir zu rational denkenden und handelnden Menschen erzogen. Gefühle zuzulassen, zu zeigen oder gar zu äußern ist eher ungewöhnlich. Darum sind wir gewohnt zu interpretieren. Wir haben gelernt zu sagen, was wir meinen, wie die andere Person sich uns gegenüber verhält. In vielen und gerade in angespannten Situationen ist es jedoch sehr nützlich, die echten Gefühle wahrzunehmen und mitzuteilen. Denn Gefühle sind ein Schlüssel zur Menschlichkeit und machen es gerade in Konflikten leichter, mit empathischem Verständnis den Kontakt zu den Menschen herzustellen.[34]
Hören Sie bitte nochmal in sich hinein, was folgende Aussagen Ihres Partners in Ihnen bewirken:

a) „Kannst Du Dir vorstellen, wie verärgert ich über Deine Unpünktlichkeit bin!"
b) „Ich bin erleichtert, dass Dir nichts passiert ist."

3. Verantwortung für unsere Gefühle übernehmen (Erkennen und Akzeptieren unserer Bedürfnisse hinter den Gefühlen).
   Diese Komponente der GFK zeigt, wie die Verantwortung für die Handlung als Ursprung der Gefühle angenommen werden kann. Das, was andere sagen oder tun, kann ein Auslöser für unsere Gefühle, aber nie deren Ursache sein. Auch bei diesen beiden Alternativen bitte ich Sie, in sich hinein zu hören und auf die Wirkung zu achten:

a) „Es macht mich wütend, wenn Du immer zu spät kommst!"
b) „Ich bin traurig darüber, dass Du nicht pünktlich sein konntest, weil ich gerne mit Dir einen unbeschwerten Abend von Beginn an genießen will."

[34] Ingrid Holler, Trainingsbuch Gewaltfreie Kommunikation, 4. Auflage 2008, S. 59

4. Um das bitten, was unser Leben bereichert (Bitten statt Forderungen formulieren). Diese Komponente des Modells widmet sich der Frage, um was wir andere bitten möchten, damit sich unsere Lebensqualität verbessert. Wenn sich unsere Bedürfnisse nicht erfüllen, dann lassen wir auf unseren Beobachtungen, Gefühle und Bedürfnisse eine konkrete Bitte folgen. Wir bitten um eine Handlung, die unsere Bedürfnisse erfüllen kann.
   Auch hier zum Abschluss nochmals die Bitte, in Resonanz mit den beiden Alternativen zu gehen:

   a) „Bitte sei das nächste Mal pünktlich!"
   b) „Kannst du mir bitte sagen was du brauchst, um das nächste Mal pünktlich zu sein?"

Dieses interessante Modell dient als Grundlage einer schützenden und verständnisvollen Kommunikation und kann den zwischenmenschlichen Austausch enorm bereichern. Die einmal erlernten und verinnerlichten Kommunikationsmuster in jedem von uns, erfolgen unbewusst und erschweren die erfolgreiche Umsetzung dieses Modells im Alltag. Ohne regelmäßige, bewusste und konzentrierte Übung, kann diese alternative Kommunikationstechnik nicht beherrscht werden.
Vielleicht kennen Sie das Modell des „vierohrigen Empfängers" von Friedemann Schulz von Thun, in der eine gesendete Nachricht vom Empfänger in Informationen über:

- die Sachinhalte,
- die Selbstoffenbarung,
- die Beziehung zum Sender und
- den verstandenen Appell

eingeteilt wird.

Je nachdem, mit welchem dieser vier “Ohren“ der Empfänger eine Botschaft empfängt, findet eine entsprechende Beurteilung derselben statt. Die Gedanken, Absichten, Kenntnisse des Senders werden zu Kommunikationszwecken an den Empfänger in vernehmbare Zeichen übersetzt. Diese Übersetzungstätigkeit heißt „codieren“. Was allerdings in dieser Kommunikation nicht stattfindet, ist die Übertragung der Bedeutungen, die der Sender mit diesem Zeichen verbindet. Die Empfangstätigkeit heißt „dekodieren“. Der Empfänger entschlüsselt die Gedanken, Absichten, Kenntnisse des Senders. Das Ergebnis der Dekodierung hängt in starkem Maße von den Erwartungen, Befürchtungen und Erfahrungen des Empfängers ab. Mit anderen Worten, der Empfänger ist verantwortlich für die Bedeutung, die er einer empfangenen Botschaft beimisst.[35]

Durch das Spiegeln der Botschaft teilt der Empfänger uns mit, welche Bedeutung er der Botschaft gibt. Damit kann beurteilt werden, ob das Gesagte so verstanden wurde, wie es gemeint war, und ob der Empfänger mit uns verbunden ist. Das neuronale Netzwerk, welches am meisten dafür verantwortlich ist, dass der Zustand der Verbundenheit erreicht wird, ist das System der Spiegelneuronen. Diese wurden 1992 von Giacomo Rizzolatti und einem Team von Neuro-Wissenschaftlern an der Universität von Parma in Italien entdeckt.

Die Entdeckung entstand während eines Experimentes mit Makaken-Affen. Die Wissenschaftler stellten mit Elektroden, durch bildgebende Verfahren fest, welche Neuronen aktiv waren, wenn er - der Affe - selbst nach Nahrung griff.

Als der Affe einen Laborangestellten nur beobachtete, der dasselbe tat, nämlich nach Nahrung zu greifen, waren dieselben Neuronen aktiv.

2010 wurde in einer Studie über den ersten direkten Nachweis von Spiegelneuronen beim Menschen berichtet.

---

[35] Friedemann Schulz von Thun, Miteinander Reden, 47. Auflage 2009, S. 44; 61

Bei Menschen erstrecken sich Spiegelneuronen offenbar bis in die Areale des Stirnlappens, die mit Absichten befasst sind, wie dem prämotorischen Cortex.
Doch auch im Scheitellappen sind sie zu finden, der an Empfindungen beteiligt ist.
Die volle Ausdehnung ist allerdings noch unbekannt.
Die Schlussfolgerung heißt: Bewegungen und Emotionen sind übertragbar.[36]
Don Joseph Goewey schreibt in seinem Buch "Das Stressfrei Gehirn", dass je sensibler wir für unsere eigenen Gefühle, unsere Denkweise, unsere Absichten und unsere Körpersprache sind, desto besser wir die Gedanken eines anderen Menschen lesen können.
Wenn zwei Menschen biologisch und physisch miteinander verbunden sind, und zwar durch den Strom, der sich ständig ändernden Gefühle, Empfindungen und Gedanken, die im Verlauf ihrer Kommunikation ausgesandt und empfangen werden, nennt man das Resonanz.[37]
In Resonanz gehen heißt, einfühlsamer und verständnisvoller zu sein um in der Kommunikation eine größere Kohärenz zu erzielen. Weiter schreibt er, um Resonanz herstellen zu können, müssen wir persönlich dafür engagiert sein, eine zwischenmenschliche Intelligenz zu entwickeln. Wir brauchen Geduld, Vertrauen und Bewusstheit, um auf den Wellen von Resonanz und Dissonanz reiten zu können.
Darauf basiert der von Carl R. Rogers entwickelte personenzentrierte Ansatz, der ein wissenschaftlich fundierter Ansatz in der Psychologie ist. Als wesentliche Voraussetzung für Kommunikation ist er heute ein zentraler Bestandteil fast jeder Form der Psychotherapie und findet eine breite Anwendung im Geschäftsleben, bei Konfliktlösung, beim Aufbau von Gemeinschaften und in der Pädagogik.[38]

---

[36] Rita Carter, Das Gehirn, 2010, S. 120
[37] Don Joseph Goewey , Das stressfreie Gehirn, 2. Auflage 2013, S. 235
[38] Don Joseph Goewey , Das stressfreie Gehirn, 2. Auflage 2013, S. 237

Coaching

"Man kann einen Menschen nichts lehren, man kann ihm nur helfen, es in sich selbst zu entdecken."
Galileo Galilei (1564-1642)

Der inflationäre Gebrauch dieses Wortes lässt sehr unterschiedliche Interpretationen zu. Fragt man fünf Menschen, was sie sich unter dem Begriff Coaching vorstellen, erhalten Sie unter Umständen auch fünf verschiedene Begriffserklärungen. Allen gemein ist die Vorstellung, dass ein Coach vorgibt und erklärt was man tun kann und tun soll.
Da der Begriff Coaching nicht geschützt ist und da sich in der heutigen Zeit jeder, der meint jemanden beraten zu können, Coach nennen darf, wird diese unterschiedliche Auffassung von der Rolle eines Coachs auch weiterhin existieren.
Coaching ist nach meinem Verständnis die lösungs- und zielorientierte Begleitung und Unterstützung von Menschen zur Förderung ihrer Selbststeuerung sowie der selbstgesteuerten Verbesserung ihrer Wahrnehmung, ihres Erlebens und ihres Verhaltens.
Dabei gehe ich von dem Ansatz aus, dass jeder Mensch alle benötigten Ressourcen und Kompetenzen besitzt, die ihn befähigen, sich positiv, konstruktiv und selbstverantwortlich zu entwickeln und somit auch die Fähigkeit besitzt, seine Anliegen zu klären und seine Ziele zu erreichen. In einem Coaching, unabhängig davon, ob es aus eigenem oder aus beruflich bedingtem Anlass stattfindet, steht der Klient immer im

Mittelpunkt und wird als Mensch in seiner Persönlichkeit, Einmaligkeit, Autonomie und Würde wahrgenommen und respektiert.

Das englische Wort „Coach" stammt seiner Wortherkunft nach aus einem kleinen Ort in Ungarn und zwar von einem Dorf namens Kocs. Dort wurden im 15. Jahrhundert gefederte Pferdefuhrwerke hergestellt, welche „Kocsi szekér" oder „die Wagen aus kocs" genannt wurden. Dieser Ausdruck verwandelte sich dann in die Kurzform „Kocsi" und wurde im deutschen Sprachraum zu „Kutsche" und im Englischen zu „Coach".

Der „Coach man" oder „Coach" ist demnach der Kutscher, der die Aufgabe hat, die Kutsche schnell und sicher an das gewünschte Ziel zu bringen.

Der Begriff „Coaching" ist seit den 60er Jahren des 20. Jahrhunderts vornehmlich aus dem sportlichen Zusammenhang bekannt. Hier besteht die Funktion des Coachs in der emotionalen und fachlichen Vorbereitung des Sportlers auf bevorstehende Leistungssituationen.[39]

Coaching ist heute in der Arbeitswelt seiner Funktion nach „eine innovative Maßnahme der Personalentwicklung" und dient im beruflichen Kontext „als Dialogform über Freud und Leid im Beruf."[40] Hier ist Business-Coaching die individuelle Beratung, Begleitung und Unterstützung von gesunden Personen mit Führungs- und Steuerungsfunktionen in Organisationen. Es ist auch die Beratung von Selbständigen und Experten.

Dabei geht es um die auftrags- und zielgebundene Entfaltung individueller, mentaler und sozialer Schlüsselkompetenzen und konkreter Strategien zur Erfolgsverbesserung.[41]

Die hieraus abgeleiteten Anlässe[42] eines Business-Coachings können sehr vielfältig sein und reichen von individuellen Krisen, wie Eintritt in eine neue Organisation,

---

[39] A. Schreyögg, Konfliktcoaching, 2002, S. 19
[40] A. Schreyögg, Konfliktcoaching, 2002, S. 20
[41] B.Migge, Business-Coaching, 1.Auflage 2011, S.10

erstmalige Übernahme einer Führungsposition, Jobstress oder Burnout bis hin zu kollektiven Krisen, verursacht durch Firmenfusionen, Firmenübernahmen, Marktveränderungen, Modifikationen von Finanzstrategien etc., die in der Regel als starke soziale Konflikte erlebt werden.

Im rein privaten Kontext, kümmert sich das Coaching um Persönlichkeitsentwicklung, allgemeine private Anliegen, biographische Themen, Lebenszielplanung und vieles andere mehr.

Erfahrungsgemäß ist es heutzutage schwierig, eine eindeutige Trennung in reine berufliche und privat-persönliche Anliegen vorzunehmen.

Der Begriff „Work-Live-Balance" verdeutlicht das genau. Bei exakter Betrachtungsweise gehört Arbeit genauso zum Leben wie die Familie, die Hobbys, die Freunde und die Freizeit. Arbeit und Privatleben schließen sich heute nicht mehr aus, sondern sind eng miteinander verbunden und ineinander verzahnt. Diese beiden Bereiche in ein gesundes Gleichgewicht zu bringen ist sehr individuell.

Darunter ist zu verstehen, dass man diese Lebensbereiche in einen harmonischen Einklang bringt, in dem Anspannung und Entspannung in einem ausgeglichenen Verhältnis sind, in dem Dis-Stress und Eu-Stress sich die Waage halten, in dem Produktivität und Kreativität sich nicht ausschließen und in dem man sowohl geistig als auch körperlich zur Ruhe kommen kann.

Die heutige Realität sieht bedauerlicherweise anders aus. Die stetig zunehmenden Anforderungen im beruflichen Umfeld, die ständig steigende Komplexität in allen Lebensbereichen bringt uns nicht selten an die Grenze unserer Leistungsfähigkeit.

Hier kann Coaching wertvolle Hilfe leisten, indem es Veränderungs- und Selbsterkenntnisprozesse des Klienten ermöglicht und das eigene Verhalten für ihn versteh- und steuerbar macht. Der Klient erlebt dabei eine Erweiterung seiner

---

[42] A. Schreyögg, Konfliktcoaching, 2002, S. 34

Wahlmöglichkeiten im Denken, Fühlen und Handeln. Er allein entscheidet dabei, wie schnell das geschieht und ist frei in der Handhabung der gewonnenen Erkenntnisse. Hier sei nochmals darauf hingewiesen, dass es sich bei dieser Art von Coaching um eine Beratungsform handelt, in welcher der Coach nicht direktiv mit dem Klienten arbeitet. Der Coach gibt keine Handlungs-Empfehlung, es findet kein Training statt und es ist auch keine Art der Problemlösung durch Vorgabe von Handlungsmuster durch den Coach.

Zum besseren Verständnis und aus Gründen der Abgrenzung zum Coaching, möchte ich nachfolgend eine Aufzählung ähnlicher Beratungsformen vornehmen.[43]

Psychotherapie:
In einer Therapie werden Personen behandelt, die an einer psychischen Störung mit Krankheitswert leiden. Was eine solche Krankheit ist, wird derzeit im Internationalen Klassifikationssystem der Krankheiten der WHO festgehalten (ICD-10).

Philosophische Lebensberatung:
Der Schwerpunkt ist das geistige Durchdringen von Werten, Wertvorstellungen, Prinzipien und Handlungen.

Mentoring:
Dies ist die „Patenschaft“ zwischen einem jungen bzw. neu in eine Organisation hinzugekommenen Mitarbeiter und einer erfahrenen Führungskraft.

[43] B. Migge, Handbuch Coaching und Beratung, 2. Auflage 2007, S. 25

Training:

Training dient dem gezielten Auf- und Ausbau bestimmter Verhaltensweisen und im Vordergrund steht meist das Erlernen eines Ablaufmusters für eine bestimmte Situation.

Supervision:

Supervision ist die berufliche Beratung von Therapeuten, Beziehungsberatern, Gruppen und Teams, mit dem Ziel erhöhter Selbstreflexion und verbesserten beruflichen Handelns.

Pastorale Lebensberatung:

Der Schwerpunkt dieser Coaching-Form ist eingebettet in interreligiöse Wert- und Glaubensvorstellungen des Beraters und der Ratsuchenden.

Fortbildung:

Hier steht die Vermittlung von Wissen, Fertigkeiten und Kenntnissen im Vordergrund.

Mediation:

Mediation ist eine allparteiliche und ergebnisoffene Vermittlung zwischen zwei Konfliktparteien, um eine konstruktive WIN-WIN-Situation herzustellen.
Auf diese Beratungsform werde ich in einem getrennten Kapitel in diesem Buch gesondert eingehen, um die Vorteile gegenüber bisherigen Methoden einer Konfliktbearbeitung aufzuzeigen.

Wie läuft ein Coaching normalerweise ab?
Voraussetzung hierfür ist ein Anliegen, das Sie bearbeiten wollen oder ein Ziel, das Sie erreichen möchten und bereit sind, professionelle Unterstützung in Anspruch zu nehmen.
Der erste Schritt ist der Anruf beim Coach und dieser Schritt geht natürlich von Ihnen aus. Er ist von großer Bedeutung, weil Sie durch den Anruf beim Coach bereits eine wichtige Entscheidung für sich getroffen haben: Sie äußern Ihren Willen und die Bereitschaft, an Ihrem Thema zu arbeiten.
Bei diesem Kontaktgespräch wird zunächst das Anliegen geklärt. Sie und der Coach haben nun die Möglichkeit abzuklären, ob Sie miteinander arbeiten wollen. Beim Coaching handelt es sich immer um ein vertrauliches und freiwilliges Gespräch zwischen zwei Menschen.
Die wichtigste Voraussetzung für das Gelingen eines Coachings ist demnach die Stimmigkeit und das Vertrauen zwischen Ihnen und dem Coach, das heißt umgangssprachlich muss hier die „Chemie“ stimmen. Haben Sie ein positives Empfinden und fühlen sich vom Coach Ihrer Wahl verstanden, vereinbaren Sie einen Termin. Bei diesem Treffen wird das weitere Vorgehen erläutert, der formale Vertrag und der psychologische Vertrag (Spielregeln) festgelegt und die Zielsetzung beschlossen.
In den Folgeterminen erfolgt unter anderem das lösungsorientierte Beratungs-Gespräch, das neutrale und fundierte Feedback, die Interventionen (zur Stärkung des Bewusstseins und der Verantwortung), es wird die Selbstreflexion gefördert und Sie erhalten wertvolle Unterstützung in der Umsetzung der neuen Strategien.
Beim Abschlusstermin findet die Bewertung des Coachings statt und der weitere Umgang miteinander wird geklärt.
So einfach wie sich das liest, ist das in der Regel nicht.

Seien Sie jedoch versichert, dass es für Sie eine in hohem Maße lohnende und erkenntnisreiche Erfahrung sein wird.
Diese Erfahrung kann sich jedoch nur dann einstellen, wenn wesentliche Grundvoraussetzungen erfüllt sind:

- Das Coaching ist freiwillig. Wird Ihnen das Coaching von Ihrem Vorgesetzten oder der Personalabteilung vorgeschlagen, sollten Sie sicherstellen, dass die Freiwilligkeit gewahrt bleibt und Coaching nicht auf Anordnung erfolgt.

- Die Inhalte des Coachings sind streng vertraulich und dürfen nicht an Dritte weitergegeben werden. Dieses gilt natürlich auch für Unternehmen, die ein Coaching vorgeschlagen haben.

- Unabdingbar ist die gegenseitige Akzeptanz. Coach und die Beratungsform "Coaching" müssen von Ihnen akzeptiert werden.

- Ihre Selbstmanagementfähigkeit und Ihre Gesundheit muss vorhanden sein. Bei Vorhandensein einer Erkrankung bitte unbedingt den Coach hierüber informieren. Dieser muss Sie zunächst an einen Arzt oder Psychotherapeuten verweisen.

- Offenheit und Transparenz können nur auf einer gegenseitigen, von Vertrauen geprägten und auf Diskretion bauenden Zusammenarbeit stattfinden. Sie sind erforderlich, um an den herausfordernden Themen zu arbeiten.

- Die Veränderungsbereitschaft ist eine wesentliche Voraussetzung in der Beratungsarbeit und muss vom Coach idealerweise im Vorgespräch mit Ihnen geklärt werden.

Sind diese Voraussetzungen gegeben, werden Sie eine wunderbare, einmalige, interessante sowie besondere Person kennenlernen - sich selbst!
Erstaunt werden Sie feststellen, welche ungenutzten Fähigkeiten und Möglichkeiten in Ihnen vorhanden sind und wie Sie diese für Ihr Anliegen und Ihre Themen auch zielführend nutzen können.

Wie finden Sie einen Coach?
Eine Möglichkeit ist es, sich einen empfehlen zu lassen. Sollte das nicht klappen, sind im Internet viele Anbieter gelistet und Sie können sich auf deren Homepages eine erste Übersicht über die Leistung verschaffen.
Wie ein Coach sein sollte, werde ich in dem Kapitel „der Coach und Mediator als Mensch“ behandeln.
Coaching ist weder an einen Raum noch an einen Ort gebunden. Es ist ein Prozess, der sich heutzutage an Ihre Bedürfnisse anpasst. Entscheidend dabei ist, dass Sie sich in der von Ihnen gewählten Umgebung wohl und frei fühlen. Das kann durchaus auch mit Bewegung verbunden sein. Bewegung ist für Erkenntnis- und Veränderungsprozesse eine gute Wahl, die gleichzeitig einen gesundheitlichen Aspekt beinhaltet. Sprechen Sie darüber mit Ihrem Coach und finden Sie gemeinsam den für Sie passenden und stimmigen Rahmen.
Der Coach kennt viele und unterschiedliche Methoden und Verfahren, um mit Ihnen an Ihrem Anliegen oder an Ihren Zielen zu arbeiten.

Das folgende Kapitel widme ich einem Verfahren, das Ihnen Ablauf und Wirkungsweise praktisch verdeutlichen soll. Dieses Verfahren ist geeignet, Stress und Blockaden zu lösen, um wieder ungehinderten Zugang zu den eigenen Ressourcen zu bekommen.

ROMPC®

„Wir brauchen gute Beziehungen untereinander:
von Herz zu Herz, von Mensch zu Mensch."
Dalai Lama (*1935)

„Relationship-Oriented-Meridian-Based Psychotherapy, Councelling and Coaching" (ROMPC®), ist ein innovatives Verfahren zur Stressreduktion und zur Bewältigung von wiederkehrenden Ängsten, welche die emotionale Befindlichkeit beeinträchtigen, die Lebensqualität mindern und den beruflichen Erfolg hemmen.
Darüber hinaus ist ROMPC® ein beziehungsorientiertes und integratives Verfahren, das Erkenntnisse der Neurobiologie und Psychotrauma-Forschung konzeptionell berücksichtigt. Die Methode ist darauf ausgerichtet, die durch Stress gestörten Datenverarbeitungsprozesse im limbischen Teil des Gehirns anzuregen und dortige Transmitter-Probleme zu beseitigen.

ROMPC® wurde von Thomas Weil und Martina Erfurt-Weil im Jahre 2000 kreiert und konsequent zu einem integrativen Therapie- und Beratungsansatz weiter entwickelt und findet derzeit in zahlreichen therapeutischen und außertherapeutischen Feldern Anwendung.
Gerade wenn es darum geht, innere Blockaden aufzulösen, Abstand von belastenden Situationen der Gegenwart und der Vergangenheit zu gewinnen, sowie darum, wieder

handlungsfähig zu werden, dann leistet diese Methode wertvolle Hilfe. Sie wird zudem in der Trauma-Therapie erfolgreich angewandt.

ROMPC® ist ein Verfahren, dessen Name markenrechtlich geschützt ist.

Wie funktioniert ROMPC®?

Der erste der drei Wirkungsfaktoren ist die heilsame Beziehungserfahrung. Thomas Weil schreibt in seinem Buch „Endlich frei von Stress. Innere Blockaden lösen mit ROMPC® "[44] hierzu, dass Menschen "beziehungshungrige" Wesen sind und deshalb nicht dazu geschaffen, als Einzelgänger durchs Leben zu gehen. Sowohl im Privatleben wie auch im Beruf, wollen Menschen, dass ihre Beziehungsbedürfnisse erkannt, wertgeschätzt und angemessen beantwortet werden. In ihren zwischenmenschlichen Beziehungen erwarten sie, anerkannt und respektiert zu werden. Findet keine oder nur eine teilweise Befriedigung von Beziehungsbedürfnissen statt, sind Kränkungen, Enttäuschungen, Ärger und Bitterkeit vorprogrammiert. Wenn menschliche Beziehungsbedürfnisse jedoch wechselseitig erfüllt werden, dann fühlen Menschen sich verbunden in wechselseitiger Anteilnahme und Anteilgabe. Der „Beziehungshunger" wird gestillt, die Leistungsbereitschaft steigt und der innere Stress sinkt.

Was geschieht hierbei?

Während Stress - dieses betrifft auch unseren inneren Stress - die Stresshormone Adrenalin und Noradrenalin ausschütten, sorgt der hormonelle Gegenspieler, das Oxytocin, für Beruhigung. Oxytocin wird auch das „Bindungshormon" genannt und spielt vor allem beim Geburtsprozess eine wichtige Rolle. Es beeinflusst nicht nur das Verhalten zwischen Mutter und Kind, sondern auch das Verhalten zwischen Geschlechtspartnern und in sozialen Interaktionen. In erfüllten Beziehungen verfügt

[44] Thomas Weil, Endlich frei von Stress. Innere Blockaden lösen mit ROMPC®, Kassel 2010, S. 35, 81

der Mensch über ein ausreichendes Maß an Oxytocin und ist somit körperlich und seelisch gegen Stress besser gewappnet.

Im ROMPC®-Coaching fühlt sich der erfahrene Coach in Ihren Stress ein und stellt sich als lebendiges Gegenüber zur Verfügung. Die Begegnung zwischen Ihnen und dem Coach findet in einem geschützten Beziehungsraum statt, in dem Ihre Beziehungsbedürfnisse geachtet, ausgedrückt und beantwortet werden. Dadurch werden im Gespräch soziale Umgebungsbedingungen geschaffen, die den Oxytocin-Spiegel im Gehirn erhöhen und die Lern- und Entwicklungsfähigkeit fördern. Es entsteht hier ein Lern- und Wachstumsprozess, der nur auf Ihre eigene Einsicht begründet ist.

„Wir sind durch Beziehung krank geworden; dann werden wir auch nur durch Beziehung wieder gesund" sagt Thomas Weil.

Der zweite Wirkfaktor dieses Verfahrens besteht in der Lösung von Stress-Blockaden.

Vergegenwärtigen wir uns, dass bei nachhaltig heftigem und unkontrollierbarem Stress und bei schweren physischen und psychischen Verletzungen, die Überflutung mit den Stresshormonen Adrenalin und Noradrenalin auf den Datentransport in den neuronalen Netzen unseres Gehirns hemmend wirken können. Das liegt daran, dass die Amygdala unkontrollierten Stress oder Verletzungen nur als gegenwärtig erlebt. Das gilt auch für lange zurückliegende Vorgänge. Doch solange unverarbeitetes und emotional belastendes Material in der Amygdala unablässig entsprechende vegetative Reaktionen auslöst und diese sich aufgrund von stressbedingtem Datenstau in Aufruhr befindet, kann keine emotionelle Entlastung stattfinden.

Nun geht es darum, die ins Stocken geratenen Datenverarbeitungsprozesse in dem Gehirn wieder zum Fließen zu bringen, und die Blockade, die sich als Transmitter-Problem zwischen Amygdala und Hippocampus beschreiben lässt, zu lösen. Die Entkoppelung der Bindung an Stress und Trauma führt dazu, dass der Zugriff auf Ihre inneren Ressourcen wieder möglich wird. Der Coach nutzt hierfür geeignete Entkopplungsmechanismen, um die Blockaden innerhalb des limbischen Systems aufzulösen und so den Zugriff auf Ihre persönlichen Ressourcen zu ermöglichen.

Die Entkopplungstechniken werden vom Coach individualisiert, passend und angemessen ausgewählt, und können unter anderen, atemtherapeutische Interventionen, induzierte Augenbewegungen, rhythmisches Klopfen auf ausgewählte Akupunkturpunkte oder körpereigene Entkopplungsrelikte sein. Durch die rhythmischen Interventionen wird ein sogenannter „Oxytocin-Überschwappeffekt" ausgelöst, der dazu führt, dass die Blockaden „verflüssigt" und die Datentransportstörungen im Gehirn wider beseitigt werden. Der Betreffende kann sich von dem, was ihn belastet, emotional distanzieren.

Der dritte Wirkfaktor sorgt dafür, dass Handlungsalternativen entwickelt werden.

Hier werden Ihre bevorzugten Verhaltensweisen im Hinblick darauf untersucht, ob die Lösungswege zielführend sind. Indem das gewohnte Verhalten nämlich ungehindert fortgesetzt wird, können die bekannten Probleme und der bekannte Stress nicht bewältigt werden.

Kennt man diese gewohnten Verhaltensmuster, werden brauchbare Alternativen entwickelt, auf ihre Wirkung getestet und eingeübt.

Mediation

"Jenseits aller Vorstellung von Wahr und Falsch liegt ein Garten, dort können wir uns begegnen..."
Dschalal ad-Din ar-Rumi (1207-1273)

Wie in dem Kapitel "Beziehungsstörungen" erwähnt, gibt es Phasen in den Konflikten, die durch Vermittlung geklärt werden können. Eine solche Beratungsform ist die Mediation.

Zunächst eine kurze Definition: „Mediation" kommt aus dem Lateinischen und bedeutet Vermittlung. Die Mediation ist ein freiwilliges und nicht förmliches Verfahren, in dem mindestens zwei Parteien mit Hilfe eines neutralen Dritten, des Mediators, im Wege der Verhandlungen die Lösung eines Konfliktes anstreben.
Die Mediation ist schneller als alle anderen Verfahren und dementsprechend auch wesentlich kostengünstiger. Die Parteien arbeiten dabei unter der Leitung eines neutralen Dritten selbstverantwortlich an einer für sie stimmigen Übereinkunft, die von allen getragen und freiwillig umgesetzt wird.
Entscheidend hierbei ist, dass es keinen Verlierer sondern nur Gewinner gibt.

Um einen diesbezüglichen Überblick zu erhalten und das Mediationsverfahren besser abgrenzen zu können, möchte ich nachfolgend eine Beschreibung der gängigsten und voneinander klar unterscheidbaren Verfahren vorstellen.

Verhandlung

Eine Verhandlung findet zwischen den Konfliktparteien freiwillig, ohne eine Unterstützung einer dritten Partei, nicht formal und wenig bis gar nicht strukturiert statt und es wird ein akzeptables Ergebnis gesucht.

Mediation

Die Mediation ist ein freiwilliges, nicht formales Verfahren, bei dem die Parteien einen Mediator auswählen, der die Verhandlung strukturiert und in dem die Parteien Einfluss auf den Verlauf nehmen können und ein für beide Parteien akzeptables Ergebnis anstreben.

Schiedsgericht

Das Schiedsgericht ist ein zumeist freiwilliges Verfahren, bei dem die Parteien Einfluss auf Regeln nehmen können und Entscheidungen nach vorher festgelegten Prinzipien erfolgen oder auch Kompromisslösungen sein können.

Gerichtsverfahren

Das Gerichtsverfahren ist ein teilweise unfreiwilliges, formalisiertes Verfahren mit festen Regeln, bei dem Entscheidungen gefällt werden, die nach den Prinzipien des Rechts erfolgen.[45]

Die Mediation hat entscheidende Vorteile gegenüber den anderen Konfliktlösungsmodellen.

So ist im Gegensatz zu einer öffentlichen Gerichtsverhandlung die Mediation ein vertrauliches Verfahren, das nicht an Formalien oder Protokolle gebunden ist.

---

[45] G. Altmann, H. Fiebiger, R. Müller, Mediation: Konfliktmanagement für moderne Unternehmen 1999, S. 26

Die Mediation kann ganz nach den Bedürfnissen der beteiligten Konfliktparteien festgelegt werden. Sie unterliegt keinem Teilnahmezwang und die teilnehmenden Parteien stehen auch nicht unter Druck, ein Ergebnis erzielen zu müssen.

Die Mediation ist in mehrere Phasen unterteilt, die sich in allen bekannten Modellen wieder finden:

Vorphase

Bei Annahme eines Mediations-Auftrages ist der Abschluss eines schriftlichen Vertrages erforderlich. Er wird zwischen den Parteien und zwischen den Parteien und dem Mediator geschlossen. Hier erfolgt die grundsätzliche Festlegung der inneren Struktur des Mediationsverfahrens. Gleichzeitig werden hier die Rechte und Pflichten der Parteien festgelegt.

Eröffnungsphase

In dieser Phase wird die Verhandlung durch ein Gespräch zwischen dem Mediator und den Parteien eröffnet. Dabei erklärt der Mediator die Grundregeln und Verfahrensprinzipien und vereinbart diese mit den Parteien verbindlich. Des Weiteren wird hier die Geeignetheit und Motivation des Mediationsverfahrens für den konkreten Konfliktfall überprüft, die Rolle des Mediators erläutert und der Ablauf des Verfahrens erklärt. Hier werden auch die Gesprächsregeln und das Interventionsrecht des Mediators festgelegt

Ermittlung der Sach- und Rechtslage

In dieser Phase erfolgt die Bestandsaufnahme in Form der Erläuterung der Standpunkte durch die einzelnen Parteien, die Thematisierung ihrer Positionen, Themen werden gesammelt und die Reihenfolge der Themenbesprechung wird festgelegt. Ebenfalls werden Bereiche der Übereinstimmung und des Dissenses identifiziert.

Von Positionen zu Interessen

In dieser Phase beginnt die eigentliche Mediationsphase. Es werden die Bedürfnisse und Interessen der Konfliktparteien geklärt, die Motive und Gefühle herausgefunden, gegenseitiges Verständnis ermöglicht und Bezugs- und Wertesystem identifiziert.

Kreative Ideensuche

Hier erfolgt eine zukunftsorientierte Arbeit, in der die Parteien Ideen für die Lösung des Problems erarbeiten, gemeinsame Lösungsoptionen entwickeln und die Optionen bewerten und auswählen.

Der positiven Entscheidung für eine Option folgt die schriftliche Fixierung des gefundenen Ergebnisses durch Zusammenfassung der Einzellösungen, Formulierung eines Memorandums, Überprüfung der Vereinbarung durch außenstehende Experten, verbindliche Vertragsunterzeichnung und gegebenenfalls notarielle oder gerichtliche Beurkundung.

Was sind die Vorteile der Mediation?

Der Konflikt und seine Ursachen werden diskutiert, Interessen und Streitpunkte gegeneinander abgewogen und zu einer ganzheitlichen Lösung weiterentwickelt. Dadurch wird eine höhere Akzeptanz erreicht und diese wird nachhaltigen Einfluss auf die weitere Zusammenarbeit der Parteien, nach der Konfliktlösung, haben.

Durch Mediation können langfristige Beziehungen erhalten bleiben und neue Konflikte weitgehend vermieden werden, weil die Parteien Möglichkeiten eines wertschätzenden und verständnisvollen Umgangs miteinander kennen gelernt haben.

Für ein Unternehmen ergibt sich die Möglichkeit des Aufbaus einer modernen Konfliktkultur, die sich wohltuend von den Machtstrategien als Lösungsmodell abhebt. Mitarbeiter werden für Konflikte sensibilisiert und dieses kann zur Verbesserung der internen Kommunikation und somit zur Erhöhung der Produktivität beitragen.

Was sind die Schwierigkeiten der Mediation?
Der Erfolg einer Mediation steht und fällt mit der Bereitschaft der Teilnehmer, den Konflikt aktiv und konstruktiv lösen zu wollen.
Wenn die Lösungs-Bereitschaft fehlt, ist auch eine Mediation zum Scheitern verurteilt.
Da die Teilnehmer beim Mediations-Verfahren angeregt werden, über Emotionen und Persönliches zu sprechen, können Teilnehmer davor zurückschrecken, sich darauf einzulassen.
Die Freiwilligkeit der Teilnahme am Verfahren kann dazu führen, dass eine Partei das Recht ausübt und die Mediation verlässt. Die Mediation wäre dann gescheitert.
Die Ergebnisoffenheit kann ein weiterer Grund sein, die Mediation als Verfahren nicht zu akzeptieren.

Der Coach und Mediator als Mensch

Sowohl Coaches als auch Mediatoren sind lebens- und berufserfahrene Menschen.
Sie haben eine Ausbildung zum Coach oder zum Mediator nach den gültigen und geltenden Ausbildungskriterien absolviert und können den entsprechenden Nachweis erbringen.
Beide verfügen über ein hohes Maß an Selbstreflexion und Menschenkenntnis.
Es zeichnet sie aus, dass sie permanent an ihrem Wissen arbeiten und für regelmäßige Weiterbildung und persönliche Weiterentwicklung sorgen.
In ihrer Rolle sind sie verantwortlich für die Struktur des jeweiligen Verfahrens.
Beide zeichnet eine hohe soziale und psychologische Kompetenz aus, sie verfügen über gutes Einfühlungsvermögen und beherrschen verbale und nonverbale Kommunikationstechniken. Zu diesen gehören unter anderen das aktive Zuhören, das Paraphrasieren, das Verbalisieren und Zusammenfassen des Gesagten. Darüber hinaus sind sie in der Lage, die richtigen Fragen zu stellen, die den Erkenntnisprozess des Klienten einleiten.
Im Mittelpunkt ihres Handelns steht stets der Mensch. Für jeden Klienten ist es essentiell zu wissen, hier einem Menschen auf Augenhöhe zu begegnen, unabhängig von Geschlecht, Status, Rolle, beruflicher Position, Herkunft oder Bildung. Durch diese Begegnung von Mensch zu Mensch, darf und soll er auch Gefühle zeigen, darüber sprechen und diese in den Mittelpunkt stellen.
Die heutige Psychologie trägt der Tatsache Rechnung, dass die Gefühle im Denken eine wesentliche und wichtige Rolle spielen.

In dieser Beziehungsarbeit ist die „Emotionale Intelligenz“[46] eine wichtige Eigenschaft, über die sowohl ein Coach als auch ein Mediator verfügen sollte.
Carl R. Rogers formulierte drei Vorbedingungen,[47] die gegeben sein müssen, wenn ein Klima des Wachstums und der Resonanz erzeugt werden soll. Diese Bedingungen sind für alle Beziehungen und für jede Situation maßgeblich, in der es um die Weiterentwicklung einer Person geht.

Die erste Vorbedingung der Resonanz ist Echtheit oder Kongruenz.
Dieses „reale Zugegensein“ stellt sich nur dann ein, wenn der Coach in der Beziehung zu seinem Klienten authentisch ist, d. h. alles was der Couch zu seinem Klienten sagt, steht nicht im Widerspruch zu dem, was der Coach ihm gegenüber fühlt.

Die zweite Vorbedingung ist Wertschätzung.
Hier handelt es sich um ein bedingungsloses Akzeptieren des Klienten durch Ermutigung und Akzeptanz des freien Ausdrucks aller Gefühle. Der Klient darf, um es mit anderen Worten zu sagen, genauso sein, wie er sich unmittelbar in dem Augenblick fühlt.

Die dritte Vorbedingung ist erfüllt, wenn der Coach in der Lage ist, die phänomenale Welt seines Klienten zu verstehen, das heißt, er muss eintauchen können in das komplexe Universum seines Klienten mit all den Schattierungen und Randerscheinungen. Dieses erfordert natürlich sehr viel Feingefühl von Seiten des Coachs, weil sein Vorgehen vom Klienten oft als Suggestion, Bewertung oder Urteil gedeutet werden kann.

---

[46] Daniel Goleman, Emotionale Intelligenz 11. Auflage 1999
[47] Carl R. Rogers, Therapeut und Klient“ 21. Auflage 2012, S. 151, 154, 158

Coaching ist ein auf gegenseitigem Vertrauen und Respekt begründetes Verfahren, das absolut vertraulich und zeitlich befristet ist.
Ein Coach handelt nach klaren Ethikvorgaben.
Mein Handeln im Coaching ist geprägt von den Ethikleitlinien des Deutschen Fachverbands Coaching - DFC. Zusätzlich erkenne ich die Ethikrichtlinien des Deutschen Bundesverbandes Coaching (DBVC) und der International Coaching Federation (ICF) an und nutze diese ergänzend, um mich in meiner Arbeit auszurichten.

Auch bei der Mediation handelt es sich um ein vertrauliches Verfahren. Das heißt, der Mediator muss alle ihm gegenüber geäußerten Informationen vertraulich behandeln.
Seine Akzeptanz als Vertrauensperson, anerkannt von allen Parteien, seine Neutralität und Allparteilichkeit ist somit eine entscheidende Grundvoraussetzung für die Leitung des Verfahrens.
Die Arbeitsweise vom Mediator wird im Wesentlichen durch zwei Ansätze geprägt: Verhandlungs- und lösungsorientierter Ansatz und Transformationsansatz.

Verhandlungs- und lösungsorientierter Ansatz
Als theoretische Grundlage für die Mediation steht das Harvard-Konzept[48] aus den USA, das sich mit Hilfe von vier Grundsätzen charakterisieren lässt:

Grundsatz 1: Trennung von Sach- und Beziehungsebene. In der Mediation ist dies ein fortwährender Prozess.

[48] Fisher Roger; Ury William; Patton Bruce Das Harvard-Konzept, 23. Auflage 2009 Frankfurt am Main

Grundsatz 2: Konzentration auf Interessen statt auf Positionen. Der Mediator unterstützt die Parteien in der Erkundung ihrer Interessen.

Grundsatz 3: Entwicklung von Entscheidungsmöglichkeiten zum beiderseitigen Vorteil. Hier hilft der Mediator den Parteien bei der Formulierung ihrer bereits offen liegenden Lösungsvorschläge und hilft neue Lösungsansätze zu entwickeln.

Grundsatz 4: Anwendung objektiver Kriterien. Mediator schlägt den Parteien vor, eigene, objektive Standards zu entwickeln, die von beiden Parteien als rechtmäßig anerkannt werden. Die beste Alternative zur Verhandlungsübereinkunft (BATNA)[49] ist ein Kriterium, an welchem jedes vorgeschlagene Übereinkommen gemessen werden sollte.

Transformationsansatz
Der Transformationsansatz sieht das primäre Ziel einer Konfliktregelung darin, die Menschen in ihrem Diskursverhalten zu ändern und Prozesse des sozialen Lernens zu initiieren.
Die zwei zentralen Punkte sind die Befähigung (Empowerment) der Parteien, ihre eigenen Konflikte selbstverantwortlich zu regeln und die Anerkennung (Recognition) der Parteien in der Wahrnehmung anderer Perspektiven zur Entwicklung weiterer Lösungs- und Handlungsoptionen.

Ein Mediator handelt nach klaren Ethikvorgaben.
Als Mediator folge ich den ethischen Grundsätzen der Mediation gemäß dem ethischen Selbstverständnis des Bundesverbandes Mediation und orientiere mich an dem Europäischen Verhaltenskodex für Mediatoren.

---

[49] BATNA = Best Alternative to Negotiated Agreement (ist eine Verhandlungsstrategie)

Fazit

Sie haben nun einige Informationen über Coaching und Mediation erhalten. Sie dienen als eine Wissensgrundlage. Bei Bedarf und Interesse können Sie weitere Details über das Internet oder durch einschlägige Literatur erhalten.

Sollten Sie sich für ein Coaching entscheiden, so ist es unerlässlich, sich die Mühe zu machen, den für Sie passenden Coach zu finden. Zusätzliche Informationen und ein persönliches Gespräch sind durch keine Empfehlung zu ersetzen, denn nur Sie selbst wissen genau, wer für Sie beste Berater ist.
Verlassen Sie sich dabei ruhig auf Ihre Intuition.
Das gilt unabhängig davon, ob das Coaching von Ihnen als Privatperson gewünscht oder vom Unternehmen vorgeschlagen wurde.

Bitte beachten Sie stets:

⇨ Coaching ist diskret
⇨ Coaching ist Vertrauenssache
⇨ Coaching ist immer freiwillig
⇨ Coaching ist zeitlich begrenzt
⇨ Coaching ist nicht manipulativ
⇨ Coaching liefert keine Lösungsvorschläge
⇨ Coaching hat immer ein Anliegen oder Ziel zum Anlass

Die Mediation als alternative Streitbeilegung beginnt in Deutschland sich allmählich zu entwickeln. Am 12. Januar 2011 hat das Bundeskabinett den Regierungsentwurf des Gesetzes zur Förderung der Mediation und anderer Verfahren der außergerichtlichen Konfliktbeilegung beschlossen. Das erste Gesetz zur Mediation wurde am 21. Juli 2012 auch endgültig beschlossen und ist am 26. Juli 2012 offiziell in Kraft getreten. Es legt die für die Mediation verbindlichen Rahmenbedingungen als Instrument außergerichtlicher Konfliktbeilegung fest. Die Deutsche Stiftung Mediation nahm das zum Anlass, um den 26. Juli zum „Jahrestag der Mediation" auszurufen, der jährlich begangen werden soll. Die 2011 in München ins Leben gerufene Deutsche Stiftung Mediation gibt sich den Auftrag, Mediation in Politik, Wirtschaft und Gesellschaft nachhaltig zu etablieren. Ziel ist es, die selbstbestimmte Konfliktklärung zu stärken, die Streitkultur zu verbessern und die Rechtspflege in Deutschland zu unterstützen. Dieser Auftrag und die Fortentwicklung der Mediation sollen wissenschaftlich begleitet werden.
Unabhängig ob Mediation als Streitbeilegung oder Prävention eingesetzt wird, gelten folgende Prinzipien immer:

- ⇨ Freiwilligkeit
- ⇨ Vertraulichkeit
- ⇨ Neutralität / Allparteilichkeit des Mediators
- ⇨ Eigenverantwortlichkeit der Parteien
- ⇨ Ergebnisoffenheit
- ⇨ Interessen- und Zukunftsorientierung
- ⇨ Einbeziehung aller Beteiligten
- ⇨ Einzelgespräch als Option

Schlussgedanken

Im World Wide Web oder umgangssprachlich im Internet fand ich folgende Geschichte mit einem wunderbaren philosophischen und allgemein verständlichen Hintergrund.
Er soll nicht nur zum Nachdenken anregen.

Ein Professor stand vor einer Philosophie-Klasse und hatte einige Gegenstände vor sich. Als der Unterricht begann, nahm er wortlos einen großen Blumentopf und füllte diesen mit Golfbällen. Er fragte die Studenten anschließend, ob der Topf nun voll sei. Sie bejahten es.
Dann nahm der Professor Kieselsteine und schüttete diese in den Topf. Er rüttelte den Topf sanft hin und her und die Kieselsteine rutschten in die Leerräume zwischen den Golfbällen.
Dann fragte er die Studenten wiederum, ob der Topf voll sei. Sie stimmten zu.
Der Professor nahm als nächstes eine Tüte mit Vogelsand und schüttete diesen in den Topf. Nach dem Rütteln füllte der Sand die kleinsten verbliebenen Freiräume. Er fragte wiederum seine Studenten, ob der Topf nun voll sei.
Die Studenten antworteten einstimmig mit "Ja"!
Der Professor holte zwei Dosen Bier aus seiner Tasche und schüttete den gesamten Inhalt in den Topf. Die Studenten lachten.
"Nun", sagte der Professor, als das Lachen nachließ, "ich möchte, dass Sie diesen Topf als Präsentation Ihres Lebens ansehen: Die Golfbälle sind die wichtigen Dinge in Ihrem Leben: Ihre Familie, Ihre Kinder, Ihre Gesundheit, alle leidenschaftlichen

Aspekte Ihres Lebens, welche, falls in Ihrem Leben alles verloren ginge und nur diese verbleiben würden, Ihr Leben trotzdem noch erfüllend machten."

"Die Kieselsteine symbolisieren die anderen Dinge im Leben, wie Ihre Arbeit, Ihr Haus, Ihr Auto,...

Der Sand ist alles andere, die Kleinigkeiten. Falls Sie den Sand zuerst in den Topf geben", fuhr der Professor fort, "gibt es weder Platz für die Kieselsteine, noch für die Golfbälle.

Dasselbe gilt für Ihr Leben. Wenn Sie all Ihre Energie und Zeit in Kleinigkeiten investieren, werden Sie nie Platz für die wichtigen Dinge haben.

Achten Sie auf die Dinge, welche Ihr Glück gefährden.

Spielen Sie mit den Kindern, nehmen Sie sich Zeit für Ihre Finanzplanung, führen Sie Ihren Partner zum Essen aus.

Es wird immer noch Zeit bleiben, um das Haus zu reinigen oder Pflichten zu erledigen.

Achten Sie zuerst auf die Golfbälle, die Dinge die wirklich wichtig sind!

Setzen Sie Ihre Prioritäten.

Der Rest ist nur Sand!"

Einer der Studenten erhob die Hand und wollte wissen, was denn das Bier repräsentieren soll.

Der Professor schmunzelte: "Ich bin froh, dass Sie das fragen. Es ist dafür da, Ihnen zu zeigen, dass, egal wie schwierig Ihr Leben auch sein mag, es immer noch Platz für ein Bierchen ist."

Quelle: Internet

Literaturverzeichnis

Don Joseph Goewey Das stressfreie Gehirn, 2. Auflage 2013

Rita Carter Das Gehirn, 2010

Mark F. Bear, Barry W. Connors, Michael A. Paradiso Neurowissenschaften, 3. Auflage 2009

Hans-Georg Häusel Think Limbic, 2009

Martin Buber Ich und Du, 2010

A.H. Maslow Motivation und Persönlichkeit, 2. Auflage 2008

Johann, Caspar Rüegg Gehirn, Psyche und Körper, 4. aktualisierte Auflage 2007

Thomas Weil	Endlich frei von Stress. Innere Blockaden lösen mit ROMPC®, Kassel 2010
Joachim Bauer	Das Gedächtnis des Körpers, 17. Auflage, 2011
Duden	Fremdwörterbuch, Band 5, 2001
Glasl, Friedrich	Konfliktmanagement, 8. Auflage, 2004, Bern-Stuttgart-Wien
Schulz von Thun, Friedemann	Miteinander Reden, 47. Auflage 2009
Paul Watzlawick, Janet H. Beavin, Don D. Jackson	Menschliche Kommunikation, 12. Auflage 2011
Rosenberg, Marshall B.	Gewaltfreie Kommunikation, 8. Auflage 2009 , Paderborn
Ingrid Holler	Trainingsbuch Gewaltfreie Kommunikation, 4. Auflage 2008
Schreyögg, Astrid	Konfliktcoaching, 2002, Frankfurt a. M.

Migge, Björn Handbuch Business Coaching
1. Auflage, 2011, Weinheim und Basel

Migge, Björn Handbuch Coaching und Beratung,
2. Überarbeitete Auflage,
2007, Weinheim und Basel

Altmann, Gerhard, Fiebiger, Heinrich
Müller, Rolf Mediation, Konfliktmanagement für
moderne Unternehmen,
1. Auflage 1999 Weinheim

Daniel Goleman Emotionale Intelligenz, 11.Auflage 1999

Carl R. Rogers Therapeut und Klient, 21. Auflage 2012

Fisher Roger; Ury William;
Patton Bruce Das Harvard-Konzept,
Frankfurt am Main, 23. Auflage 2009

Sonstiges

TK-Studie zur Stresslage der Nation, Bleib locker Deutschland! 2013, S. 9

Richard G. Erskine: Relational Needs, EATA Newsletter Nr. 73, 2002 / deutsch: Beziehungsbedürfnisse, ZTA , Heft 4, 2008

Online-Ausgabe von Manager Magazin vom 31.10.2013

Printed by Books on Demand GmbH, Norderstedt / Germany